# INTERNATIONALE FORSCHUNGSGESELLSCHAFT INTERPRAEVENT (HRSG.)
## Alpine Naturkatastrophen

 Internationale Forschungsgesellschaft INTERPRAEVENT

 Forsttechnischer Dienst für Wildbach- und Lawinenverbauung

 Geologische Bundesanstalt

 Bundesforschungs- und Ausbildungszentrum für Wald, Naturgefahren und Landschaft

 Universität für Bodenkultur Wien

 Österreichische Bundesbahnen

 Alpine Space – European Territorial Cooperation

 AdaptAlp

Internationale Forschungsgesellschaft INTERPRAEVENT (Hrsg.)

# Alpine Naturkatastrophen

## Lawinen • Muren • Felsstürze • Hochwässer

Gesamtkoordination
Florian Rudolf-Miklau, Andrea Moser

Beiträge von
Johannes Hübl, Arben Kociu, Hannes Krissl, Erich Lang, Eugen Länger,
Andrea Moser, Andreas Pichler, Christian Rachoy, Florian Rudolf-Miklau,
Ingo Schnetzer, Florian Sitter, Christoph Skolaut, Nils Tilch, Reinhold Totschnig

Leopold Stocker Verlag
Graz – Stuttgart

**Bildnachweis**
Die Abbildungen dieses Bandes wurden von folgenden Stellen bzw. Personen zur Verfügung gestellt:

**die.wildbach** – Forsttechnischer Dienst für Wildbach- und Lawinenverbauung  15, 24 (lo), 39, 42, 43, 45 (ro), 46, 47, 48, 49, 52, 53, 54 (ro), 55, 56, 57, 58, 59, 62, 63, 64, 65, 66, 67, 68, 69 (lo, lu), 70, 71, 74, 75, 76, 77 (ro), 79 (lu, ro), 81 (lu, ro), 85 (mo), 86, 90 (ro), 91, 92, 93, 105, 108 (lu);
**BOKU** – Universität für Bodenkultur, Institut für alpine Naturgefahren, Wien  13, 14, 22, 23, 24 (ro), 25, 28, 29, 35, 37, 38, 69 (ro, ru), 80 (lo), 88, 89 (lo), 96, 97, 107 (lo);
**ASI** – Alpines Sicherheitszentrum Landeck, Tirol  27, 80 (ro), 81 (mo);
**BFW** – Bundesforschungs- und Ausbildungszentrum für Wald, Naturgefahren und Landschaft  30, 31, 35, 61 (lu), 78 (ro), 79 (lo), 95, 107 (ro, ru);
**GBA** – Geologische Bundesanstalt Wien  32, 33, 41 (mu), 44, 60, 73 (ro, ru), 78 (lo), 85 (ru), 98, 99, 108 (lo);
**ÖBB** – Österreichische Bundesbahnen  50, 51, 54 (lu), 82, 83, 100, 101;
**GTO** – Geozentrum Tiroler Oberland Stams  40, 41 (lo, ro, ru);
**Moser/Jaritz** – Ziviltechnikergesellschaft, Ingenieurbüro für Geologie, Hydrogeologie und Geotechnik, Gmunden  72, 73 (rm);
**Erkudok** – Oberösterreichisches Geo-Zentrum Museen Gmunden (Weidinger)  85 (mu);
**M. Wojacek**, Gmunden  84;

**M. Pühringer**, Gmunden  85 (ro);
**F. Rudolf-Miklau**, Wien  87;
**Amt der Kärntner Landesregierung** – S. Tichy  77 (lo);
**H. Kerzendorfer**, Elsarn am Jauernig  89 (ro);
**St. Weidner**, Universität Erlangen-Nürnberg  61 (ro);
**GSvA** – Günther Schneeweiß-Arnoldstein  103;
**Bibliothek des Salzburg Museums**  45 (ru);
**Bezirkshauptmannschaft Voitsberg**  90 (lo)

**Legende**
lo  links oben
lu  links unten
mo  Mitte oben
mu  Mitte unten
rm  rechts mitte
ro  rechts oben
ru  rechts unten

 Mit freundlicher Unterstützung des Bundesministeriums für Land- und Forstwirtschaft, Umwelt und Wasserwirtschaft
lebensministerium.at

 Gefördert durch den Europäischen Regionalentwicklungsfonds

**Hinweis:**
Dieses Buch wurde auf chlorfrei gebleichtem Papier gedruckt. Die zum Schutz vor Verschmutzung verwendete Einschweißfolie ist aus Polyethylen chlor- und schwefelfrei hergestellt. Diese umweltfreundliche Folie verhält sich grundwasserneutral, ist voll recyclingfähig und verbrennt in Müllverbrennungsanlagen völlig ungiftig.

Auf Wunsch senden wir Ihnen gerne kostenlos unser Verlagsverzeichnis zu:

**Leopold Stocker Verlag GmbH**
Hofgasse 5 / Postfach 438
A-8011 Graz
Tel.: +43 (0)316/82 16 36
Fax: +43 (0)316/83 56 12
E-Mail: stocker-verlag@stocker-verlag.com
www.stocker-verlag.com

ISBN 978-3-7020-1248-9

Alle Rechte der Verbreitung, auch durch Film, Funk und Fernsehen, fotomechanische Wiedergabe, Tonträger jeder Art, auszugsweisen Nachdruck oder Einspeicherung und Rückgewinnung in Datenverarbeitungsanlagen aller Art, sind vorbehalten.

© Copyright by Leopold Stocker Verlag, Graz 2009

Layout: Ecotext-Verlag, Mag. G. Schneeweiß-Arnoldstein, 1010 Wien
Gesamtherstellung: Druckerei Theiss GmbH, 9431 St. Stefan
Printed in Austria

# Inhalt

Vorworte .................................................................................................................................................. 9

Einleitung ............................................................................................................................................... 12

## Naturgefahren in den Alpen ........................................................................................................ 13

### Alpine Naturgefahren im Portrait ............................................................................................ 13
Entstehung, Charakteristik und Schadenswirkung der Prozesse

### Naturkatastrophen und Gefahrenabwehr ............................................................................. 15
Entwicklung des „Lebens mit Naturgefahren" in den Alpen

## Dokumentation alpiner Naturkatastrophen ............................................................................. 17

### Ereignisdokumentation ............................................................................................................ 17
Aufgabe und historische Entwicklung

### Historische Quellen .................................................................................................................. 21
Chroniken, Dokumentationen und Archive enthalten Wissen über vergangene Katastrophen

### Zeugnisse aus der Natur .......................................................................................................... 23
Die „Stummen Zeugen" geben Auskunft über die Naturgewalten und den Ablauf von Katastrophen

### Wie Murbrüche entstehen, was sie anrichten und wie man sie bändigt ........................... 25
Dr. Breitenlohner, Wien 1883 (Originaltext)

## Österreichs Exposition für alpine Naturkatastrophen ............................................................. 27

### Räumliche Verteilung von Wildbachereignissen .................................................................. 28
Kartographische Darstellung von Ereignissen

### Räumliche Verteilung von Lawinenereignissen .................................................................... 30
Kartographische Darstellung der Lawinenereignisse in Österreich

### Räumliche Verteilung gravitativer Massenbewegungen in Österreich ............................. 32
Kartographische Darstellung von Ereignissen gravitativer Massenbewegungen in Österreich

Schäden durch alpine Naturkatastrophen .................................................................................................. 34
Sachschaden durch Wildbachereignisse und Personenschäden

Häufigkeit und Intensität von Ereignissen .................................................................................................. 36
Zeitliche und räumliche Analyse von Wildbach- und Lawinenereignissen

# Die großen alpinen Naturkatastrophen in Österreich .......................................................... 39

Prähistorische Naturkatastrophen .............................................................................................................. 40
Große Bergsturzereignisse nach Rückzug der Gletscher der letzten Eiszeit

Wildbach- und Lawinenereignisse vor 1882 ............................................................................................... 42
Naturkatastrophen bedrohen den menschlichen Lebensraum

Historische Sturzereignisse vor 1882 ......................................................................................................... 44
Die Bergstürze des Dobratsch (Kärnten) und der Felssturz am Mönchsberg (Salzburg)

Hochwasser 1882 in Kärnten und Tirol ...................................................................................................... 46
Eine Naturkatastrophe als Geburtsstunde des Forsttechnischen Diensts für Wildbach- und Lawinenverbauung

Wildbach-Katastrophen 1895–1910 ........................................................................................................... 48
Übernutzung der Wälder und Schneeschmelze führen zu katastrophalen Hochwasserereignissen

Lawinengefahr für die Eisenbahn ............................................................................................................... 50
Katastrophenereignisse von Beginn des Bahnbaus bis zum Lawinenwinter 1924

Lawinenkatastrophen 1951 und 1954 ........................................................................................................ 52
Zwei extreme Lawinenwinter fordern in kurzer Folge zahlreiche Todesopfer

Naturkatastrophen von 1958 und 1959 ...................................................................................................... 56
in Steiermark, Kärnten und Oberösterreich

„Herbst-Katastrophen" 1965 und 1966 ....................................................................................................... 58
Kärnten und Osttirol innerhalb von 15 Monaten dreimal schwer betroffen

Talzuschub Gradenbach ............................................................................................................................. 60
Unscheinbar und dennoch gefährlich, wie ein „Wolf im Schafspelz"

Die Mure am Enterbach .............................................................................................................................. 62
in der Tiroler Gemeinde Inzing am 26. Juli 1969

Naturkatastrophen in den 1970er Jahren ................................................................................................... 64
Im Dezennium 1970–80 war Österreich gleich mehrmals von verheerenden Naturereignissen betroffen

Wildbach- und Lawinenereignisse in den 1980er Jahren ........................................................................... 66
Muren und Staublawinen fordern Todesopfer und zerstören zahlreiche Gebäude

Wildbachkatastrophen der 1990er Jahre ................................................................................................... 68
Die Murenkatastrophe am Wartschenbach in Osttirol als Auslöser für Warnung und Alarmierung

### Lawinenwinter 1999 und die Katastrophe von Galtür ............ 70
48 Lawinenabgänge im Februar 1999 in den Bezirken Imst und Landeck

### Rutschung Rindberg 1999 ............ 72
Ein ganzer Hang samt einem Almdorf im Bregenzer Wald setzt sich in Bewegung

### Felsstürze 1999 ............ 74
Die Bevölkerung in den Tiroler Orten Ried und Huben hatte Glück im Unglück

### Die „Jahrhundert-Flut" 2002 ............ 76
Zwei extreme Niederschlagsereignisse führen zur Überflutung weiter Landesteile

### Rutschungen und Hangmuren 2005 in der Steiermark ............ 78
Die Gemeinden Gasen und Haslau wurden von den abgerutschten Erdmassen lahmgelegt, zwei Menschen wurden getötet

### Hochwasser 2005 ............ 80
Die Katastrophenereignisse in Tirol und Vorarlberg

### Hochwasserkatastrophe an der Arlbergbahn 2005 ............ 82
100 Tage Unterbrechung der Bahnverbindung zwischen Tirol und Vorarlberg

### Gschliefgraben ............ 84
Ein bekannter „Wiederholungstäter" Oberösterreichs, der 2007/08 wieder für Aufsehen sorgte

### Phänomen Schesatobel ............ 86
„200-jährige" Naturkatastrophe oder Abtrag der Alpen im „Zeitraffer"

### Hochwasser und Lawinen 2009 ............ 88
Überblick und Darstellung ausgewählter Extremereignisse

## Ereignisdokumentation: Durchführung und Institutionen ............ 91

### Das Ereignisportal des digitalen Wildbach- und Lawinenkatasters ............ 92
des Forsttechnischen Dienstes für Wildbach- und Lawinenverbauung

### Dokumentation von Wildbach- und Lawinenereignissen ............ 94
am Bundesforschungs- und Ausbildungszentrum für Wald, Naturgefahren und Landschaft (BFW)

### Dokumentation von Naturkatastrophen ............ 96
an der Universität für Bodenkultur

### Dokumentation gravitativer Massenbewegungen ............ 98
Datenmanagement an der Geologischen Bundesanstalt (GBA) im Dienste und Schutz der Gesellschaft

### Dokumentation von Naturkatastrophen an Bahnstrecken ............ 100
Bahnchroniken und Streckenschaubilder

## Naturkatastrophen und Klimawandel ............ 102
Steigt das Risiko durch alpine Naturkatastrophen an?

## Informationen für Betroffene ... 104
Bereitstellung von Ereignisdaten und Informationen für die Öffentlichkeit
durch den Forsttechnischen Dienst für Wildbach- und Lawinenverbauung

## Monitoring und Prognose von Ereignissen ... 106
Methoden und Technologien zur Beobachtung, Prognose und Frühwarnung von gefährlichen Naturprozessen

## Schlussfolgerungen aus der Analyse von Naturkatastrophen ... 109
Welche Lehren gezogen werden können und wer davon profitiert

## Katastrophen durch Hochwasser- und Murereignisse ... 110

## Katastrophen durch Lawinenereignisse ... 115

## Katastrophen durch Massenbewegungen ... 118

## Literaturhinweise ... 119

## Autorinnen und Autoren ... 120

## Danksagung ... 120

# Vorworte

Die Gründung der Internationalen Forschungsgesellschaft INTERPRAEVENT ist untrennbar mit den Hochwasserkatastrophen verbunden, von denen Österreich 1965 und 1966 heimgesucht wurde. Die verheerenden Auswirkungen dieser Ereignisse waren 1967 der Auslöser für regelmäßige Treffen in Klagenfurt im Kreis von namhaften Fachleuten, die sich zum Ziel setzten, die Ursachen der Naturereignisse zu ergründen und neue Strategien des vorbeugenden Hochwasserschutzes zu entwickeln. Heute zählt die Gesellschaft viele namhafte Institutionen des Naturgefahren-Managements im Alpenraum sowie in Japan und Taiwan zu ihren Mitgliedern und hat sich insbesondere der Vernetzung von Wissenschaft und Praxis verschrieben.

Vor diesem Hintergrund war es der INTERPRAEVENT ein besonderes Anliegen, das Zustandekommen dieses Buchprojektes über die „Dokumentation der Alpinen Naturkatastrophen in Österreich" zu unterstützen, weil damit der entscheidende Schritt zur Zusammenführung der Ereignisdaten und -fakten der Partnerinstitutionen (die.wildbach, ÖBB, GBA, BFW, BOKU) in einer gemeinsamen Darstellung gesetzt wurde. Das Buch stellt auch einen wichtigen Beitrag zur Information und Bewusstseinsbildung über Naturgefahren dar und trägt damit zur Erfüllung eines der wichtigsten Ziele der INTERPRAEVENT bei. Ich hoffe, dass mit diesen eindrucksvollen Bildern und Berichten bei Betroffenen und Entscheidungsträgern ein höheres Gefahren- und Risikobewusstsein für alpine Katastrophen geschaffen werden kann.

Dipl.-Ing. Kurt Rohner
Präsident der Internationalen Forschungsgesellschaft INTERPRAEVENT

Die Erinnerung an Katastrophen verbinden Betroffene meist mit traumatischen Erlebnissen und neigen dazu, rasch zu vergessen, um weiterleben zu können. Doch gerade die Erfahrungen, die aus diesen Ereignissen gewonnen werden können, sind die Basis für das Risikobewusstsein der Bevölkerung im Zusammenhang mit Naturgefahren in den Alpen. Bereits die Pioniere der Wildbach- und Lawinenverbauung haben vor 125 Jahren die überragende Bedeutung einer systematischen Dokumentation von Naturkatastrophen erkannt. Doch erst moderne Technologien wie Datenbanken und Geographische Informationssysteme ermöglichen es, die erhobenen und archivierten Daten über historische Ereignisse auszuwerten und anschaulich darzustellen. Dabei stellt sich heraus, dass Daten über Naturkatastrophen alles andere als „trockene", den Expertinnen und Experten vorbehaltene Informationen sind; ganz im Gegenteil, eine Chronik der alpinen Naturkatastrophen ist spannend, dramatisch und bedrückend zugleich. Obwohl Naturgewalten mit Zerstörung und Not verbunden sind, ziehen sie – besonders in Zeiten des Klimawandels – die Menschen unwiderstehlich in ihren Bann. Es ist mir daher eine Freude, dass es im Rahmen des Projektes AdaptAlp gemeinsam mit den im Bereich der Ereignisdokumentation tätigen Institutionen gelungen ist, erstmals eine „Chronik der alpinen Naturkatastrophen in Österreich" zu erstellen. Dieses Buch vermittelt den Leserinnen und Lesern in unmittelbarster Form die „Faszination Naturgefahr" und zeigt gleichzeitig, welche Lehren aus vergangenen für zukünftige Katastrophen gezogen werden können.

Dipl.-Ing. Maria Patek MBA
Leiterin der Abteilung IV 5 (Wildbach- und Lawinenverbauung), Lebensministerium

Aktuelle Prognosen zum Klimawandel auf Basis wissenschaftlicher Studien deuten darauf hin, dass wir zukünftig auch in Österreich durch sich ändernde Niederschlagsverteilungen und -intensitäten vermehrt mit Extremereignissen zu rechnen haben.

Die katastrophalen Hochwässer und unzähligen Rutschungen der letzten Jahre (z. B. August 2005 und Juni 2009) sind noch vielen gut in Erinnerung. Noch ist unklar, ob es sich hierbei um Vorboten des prognostizierten Klimawandels handelt.

Um aus den vergangenen und gegenwärtigen Ereignissen für die Zukunft lernen zu können, sind professionelle und lückenlose Ereignisdokumentationen sowie fachübergreifende, komplexe Analysen aller Daten unerlässlich. Dies erfolgt seitens der Geologischen Bundesanstalt in enger Kooperation mit diversen Ämtern und Forschungsinstitutionen im Schnittbereich von Wissenschaft und Praxis. Die Zusammenarbeit der letzten Jahre mit der Wildbach- und Lawinenverbauung und anderen Institutionen, die sich ebenfalls mit Naturgefahren beschäftigen, ist richtungsweisend für die Zukunft. Es hat sich gezeigt, dass man nur durch integrale Lösungsansätze und Expertensysteme in der Lage sein wird, verantwortungsbewusste Präventionsmaßnahmen als Vorsorge gegenüber Naturkatastrophen zum ganzheitlichen Schutz des Menschen und seiner Bauwerke in Österreich ergreifen zu können. Eines unserer Anliegen, im Rahmen dieses Buches mitzuwirken, war, den LeserInnen nicht nur die destruktiven und besorgniserregenden Seiten gravitativer Massenbewegungen aufzuzeigen, sondern auch für das beeindruckende und faszinierende Naturerbe vor allem (prä-)historischer Ereignisse Interesse zu wecken. Viel Spaß beim Lesen und Betrachten.

Dr. Peter Seifert
Direktor der Geologischen Bundesanstalt

Das Bundesforschungs- und Ausbildungszentrum für Wald, Naturgefahren und Landschaft (BFW) wurde 1874 als „k. k. forstliche Versuchsleitung" ins Leben gerufen. Eine seiner Hauptaufgaben ist seit der Gründung die Prüfung von Fragen der forstlichen Raumplanung und der Wildbach- und Lawinenverbauung.

In der Folge der verheerenden Katastrophenereignisse der Jahre 1965/66 wurde im Hause das Institut für Wildbach- und Lawinenverbauung eingerichtet. In enger Zusammenarbeit mit dem Bundesministerium für Land- und Forstwirtschaft und dem Forsttechnischen Dienst der Wildbach- und Lawinenverbauung wurden neue Projekte ins Leben gerufen.

Durch die Ausstattung von Mustereinzugsgebieten mit zahlreichen Messgeräten und die Einrichtung eines permanenten Messdienstes werden seither Grundlagendaten für die Praxis und die wissenschaftliche Arbeit gewonnen. Neben einer umfangreichen Versuchstätigkeit ist die Dokumentation von alpinen Naturkatastrophen ein Schwerpunkt des BFW auf dem Gebiet der Naturgefahrenforschung. Die dabei gesammelte Erfahrung wird durch die Mitarbeit am Lehrgang zur Ausbildung von Ereignisdokumentaren an die Praxis vermittelt.

Um dem Umfang und der Komplexität der Aufgaben besser zu entsprechen, wurde in den vergangenen Jahren die Zusammenarbeit mit anderen Institutionen und Forschungseinrichtungen verstärkt, was auch durch die Herausgabe des vorliegenden Buches veranschaulicht wird. Von diesem intensiven Zusammenwirken profitieren alle am verbesserten Schutz vor alpinen Naturgefahren beteiligten Einrichtungen.

Dipl.-Ing. Dr. Harald Mauser
Leiter des Bundesforschungs- und Ausbildungszentrums für Wald, Naturgefahren und Landschaft

Naturgefahren und deren Auswirkungen auf den menschlichen Lebens- und Wirtschaftsraum sind für den österreichischen Alpenraum von steigender Relevanz. Die Ereignisse der letzten Jahre haben gezeigt, dass einer fundierten wissenschaftlichen Aufarbeitung von Schäden sowie einem umfassenden Prozessverständnis hohe Bedeutung beizumessen ist. Die Universität für Bodenkultur ist sich dessen bewusst und richtet ihre Forschungsschwerpunkte diesen Bedürfnissen entsprechend aus.

Die Universität für Bodenkultur kann bereits auf eine lange Tradition in der Naturgefahrenforschung zurückblicken. Seit 1884 wird im Bereich der Wildbach- und Lawinenverbauung wissenschaftlich gearbeitet und Nachwuchs ausgebildet. Ausgehend von einem verbesserten Prozessverständnis, zählen heute Fragen der ökologischen und ökonomischen Maßnahmenoptimierung ebenso zu den Kompetenzfeldern der Universität wie die Analyse der Vulnerabilität und die Bewertung von Risiken. Am Anfang aber steht die Datengewinnung, aus diesem Grund ist die Dokumentation von Naturereignissen unabdingbar. Aufbauend auf derartigen Dokumentationen können Prozesse systematisch analysiert werden, um zeitliche und räumliche Muster zu erkennen, optimale Schutzstrategien zu entwerfen und adäquate Lösungsvorschläge zu erarbeiten.

Das vorliegende Buch beruht auf der unter Mitarbeit der Universität für Bodenkultur erstellten *„Chronik der alpinen Naturkatastrophen in Österreich"* und zeigt anschaulich, welche Lehren aus vergangenen Ereignissen für zukünftige Schutzstrategien gezogen werden können.

Univ.-Prof. Dipl.-Ing. Dr. nat. techn.
Martin H. Gerzabek
Geschäftsführender Rektor, Universität für Bodenkultur

Spätestens seit dem Bau der ersten Gebirgsbahnen in Österreich Mitte des 19. Jahrhunderts waren Eisenbahningenieure mit der Dokumentation von Naturereignissen befasst. Die lagerichtige Aufzeichnung der Gefahrenstellen und die oft erstmalige Begehung von Anbruch- und Einzugsgebieten durch die Bahnexperten waren eine wichtige Grundlage für die Errichtung von Schutzverbauungen für die Eisenbahnanlagen. In vielen Tälern war eine Besiedelung der Talböden erst durch den Schutz der darüberliegenden Bahnstrecken möglich. Die Dokumentation erfolgte anfänglich in Form von schriftlichen Aufzeichnungen, welche mit Karten, Grafiken und Fotos ergänzt wurden. Die moderne Computertechnologie ermöglicht heute, relationale Datenbanken und Geographische Informationssysteme für die Ereignisdokumentation zu nutzen.

Die langjährige Dokumentation von Naturereignissen hat heute großen Einfluss auf die Erstellung von innovativen, zukunftsweisenden und präventiven Schutzkonzepten für die Eisenbahninfrastruktur in Österreich. Neben technischen Schutzverbauungen setzen die Österreichischen Bundesbahnen auch auf die Schutzwirkung des Waldes und entwickeln entsprechende Bewirtschaftungskonzepte. Die zukünftige Einbindung von Wetterprognosen und Unwetterwarnungen sollen eine dynamische Anpassung von Gefahrenkarten ermöglichen.

Ich wünsche den Lesern dieses Buches eine interessante und zum Nachdenken anregende Reise durch die Welt der alpinen Naturkatastrophen in Österreich.

Dipl.-Ing. Christian Rachoy
ÖBB-Infrastruktur Betrieb AG, Fachbereich Naturgefahren-Geotechnik-Tiefbau

# Einleitung

*Das Beunruhigende an Katastrophen ist die Geschwindigkeit, mit der wir sie vergessen.*
(unbekannter Autor)

Die Alpen zählen zu den schönsten Naturräumen in Europa, aber auch zu den gefährlichsten. Seit der Mensch vor ca. 7.000 Jahren begonnen hat, dieses Gebiet als Dauersiedlungsraum zu erschließen, ist er mit Naturgefahren und ihren Folgen konfrontiert. Bis ins Mittelalter herrschte eine fatalistische Grundhaltung gegenüber drohenden Katastrophen, getragen von der Überzeugung, den Gewalten der Natur schutzlos ausgeliefert zu sein. Im von Rationalität und technischem Fortschritt geprägten 19. Jahrhundert wandelte sich die Gefahrenabwehr schrittweise zu einer staatlichen Sicherheits- und Vorsorgeaufgabe. So kam es vor 125 Jahren zur Gründung des „Forsttechnischen Dienstes für Wildbach- und Lawinenverbauung", der seit damals die Aufgabe des Schutzes vor Muren, Lawinen, Hochwässern, Steinschlag und Rutschungen wahrnimmt. Auch die Universität für Bodenkultur, die Geologische Bundesanstalt, das Bundesforschungs- und Ausbildungszentrum für Wald, Naturgefahren und Landschaft sowie die Österreichischen Bundesbahnen übernehmen seit dieser Zeit wichtige Aufgaben des Naturgefahren-Managements.

Trotzdem haben Naturkatastrophen in den Alpen nichts von ihrer Dramatik und Zerstörungskraft eingebüßt. Durch umfangreiche Schutzmaßnahmen konnte zwar ein hohes Maß an Sicherheit erreicht werden, gleichzeitig verändern sowohl der Klimawandel als auch die intensive Nutzung des menschlichen Lebensraums das Risiko. Niemand kann sich in Österreich auf Dauer den Auswirkungen von Naturkatastrophen entziehen. Viele Menschen leben weiterhin in gefährdeten Gebieten, nur ist ihnen dies oftmals nicht bewusst.

Schutz vor Naturgefahren kann nur dann nachhaltig bestehen, wenn man aus vergangenen Katastrophen die entsprechenden Lehren für die Zukunft zieht. Gefahrenbewusstsein ist die wichtigste Grundlage der Prävention. Die „Vergessenskurve" der Betroffenen sinkt nach eingetretenen Ereignissen jedoch beängstigend rasch ab. Das Heilmittel gegen das Vergessen und Verdrängen der drohenden Gefahren ist die Dokumentation historischer Katastrophen. Gegen die Verfälschung der Erinnerungen hilft nur eine objektive und systematische Aufzeichnung aller Ereignisse und ihrer Folgen. Daher zählt die „Ereignisdokumentation" heute zu den wichtigsten Aufgaben des Naturgefahren-Managements.

In Österreich sammeln zahlreiche Institutionen Daten und Fakten über Naturkatastrophen. In diesem Buch ist es erstmals gelungen, die verfügbaren Informationen in kompakter und anschaulicher Form darzustellen und so eine Chronik der historischen Ereignisse zu schaffen. Gleichzeitig stellt das im Rahmen des Projektes AdaptAlp Werk die Leistungen der dokumentierenden Institutionen vor. Für den Leser entsteht so ein faszinierendes Bild der Alpinen Naturkatastrophen in Österreich zwischen Legenden und Tatsachen, zwischen Verheerung und Bewältigung.

Dipl.-Ing. Gerhard Mannsberger
Leiter der Sektion Forst, Lebensministerium

# Naturgefahren in den Alpen

## Alpine Naturgefahren im Portrait

Entstehung, Charakteristik und Schadenswirkung der Prozesse

Alpine Naturgefahren treten in allen Gebirgsregionen auf und resultieren aus der Bewegung von Wasser-, Schnee-, Eis-, Erd- und Felsmassen an der Erdoberfläche. Definitionsgemäß sind Lawinen, Hochwässer, Murgänge, Steinschläge, Felsstürze und Rutschungen umfasst. Die charakteristischen Prozesse der Alpinen Naturgefahren werden systematisch in die Wasserprozesse, Schneeprozesse, Sturzprozesse und Rutschprozesse eingeteilt. Diese Ereignisse können zu katastrophalen Schäden im Siedlungsraum, an Verkehrswegen und der Infrastruktur führen. Alpine Naturgefahren treten mit unterschiedlicher Intensität und Frequenz auf und sind durch sehr kurze Vorwarnzeiten und hohe Prozessenergie charakterisiert. In Österreich ist praktisch der gesamte alpine Lebensraum davon betroffen, die Gefahren spielen jedoch auch außerhalb der Alpen eine Rolle, insbesondere in Gebieten des Wald- und Mühlviertels, des Alpenvorlandes, der ostösterreichischen Vorberge und des Grazer Beckens.

## Wasserprozesse

Den Wasserprozessen werden die Phänomene „Hochwasser", „fluviatiler Feststofftransport", „murartiger Feststofftransport" und „Murgang" zugerechnet. Das wesentliche Unterscheidungskriterium ist das Verhältnis der Feststoffe (Geschiebe, Schwebstoffe, Holz) zum

Wildbachprozesse können große Mengen an Feststoffen mobilisieren
(Quelle: BOKU)

Wasseranteil. Beim fluviatilen oder murartigen Feststofftransport können große Mengen an Feststoffen umgelagert werden. Der Murgang ist jenes Phänomen, dessen Feststoffanteil gleich oder höher als der Wasseranteil ist, wobei auch sehr große Feststoffkomponenten (Felsblöcke, Bäume) transportiert werden. Die Zerstörungskraft eines Murgangs ist besonders hoch, so dass auch Gefahr für Menschen innerhalb von Gebäuden besteht. Hauptauslöser für Murgänge sind kurze Starkniederschläge meist in Verbindung mit Hagel sowie lang anhaltende Niederschläge bei starker Bodendurchfeuchtung. Feststoffe können durch Erosionsprozesse an der Sohle und an den Ufern mobilisiert werden. Rutschungen und Hangmuren begünstigen die Entwicklung von Murgängen ebenso wie das plötzliche Aufbrechen von Verklausungen.

### Rutschprozesse

Als weiterer Prozess der Alpinen Naturgefahren sind die Rutschprozesse zu nennen. Die Prozesse können in die Phänomene Rotationsrutschung, Translationsrutschung, Hangmure und Erdstrom unterteilt werden. Die ersten beiden Prozesse werden aufgrund der Form ihrer Bewegung als Gleitbewegungen klassifiziert. Die Rotationsrutschung weist eine gekrümmte Gleitfläche auf und rotiert um eine horizontale Achse. In der Natur kann dieses Phänomen zum Beispiel anhand der Schiefstellung von Bäumen („betrunkener Wald") beobachtet werden. Die Translationsrutschung gleitet auf einer ebenen Fläche und ist in der Regel weniger tiefgründig als eine Rotationsrutschung. Die Gleitbewegungen gehen häufig in Fließbewegungen über, zu denen die Hangmure und der Erdstrom zählen. Durch ergiebige Niederschläge oder Schneeschmelze kann es zu einem Versagen der Böschungen oder zum Aufbrechen von Quellen kommen, die Hangmuren auslösen. Auch Rutschprozesse können in den Alpen extreme Ausmaße erreichen, wie das Beispiel des Gschliefgrabens (Oberösterreich; Seite 84) oder der Rutschung Doren (Vorarlberg; Seite 85) zeigen.

Rutschprozesse – Bodenanbrüche zeigen die Bewegung im Untergrund an
(Quelle: BOKU)

### Sturzprozesse

Zur Gruppe der Sturzprozesse zählen die Phänomene Steinschlag (Blocksturz), Felssturz und Bergsturz. In der Regel wird das Volumen der stürzenden Masse herangezogen, um das beobachtete Phänomen zu klassifizieren. Beim Steinschlag oder Blocksturz handelt es sich um einzelne Blöcke, die sich aus dem Gesteinsverband lösen und ein Volumen bis zu 10 m$^3$ erreichen. Als Felssturz wird der Absturz größerer Felsmassen bezeichnet, die ein Volumen von bis zu 1 Mio. m$^3$ erreichen können. Als Bergsturz werden Sturzprozesse bezeichnet, bei denen mehr als 1 Mio. m$^3$ Fels mobilisiert wird. Solche Ereignisse bilden mitunter auch neue Landschaftsformen, so genannte Tomalandschaften, aus, wie dies beispielsweise am Tschirgant-Bergsturz in Tirol (Seite 40) zu beobachten ist. Als Auslöser für Sturzprozesse werden je nach Größenordnung Tau-Frost-Perioden, Starkniederschläge, Erdbeben und die Vegetation (Wurzelsysteme) genannt. In jüngster Zeit hat auch der Rückgang des Permafrostes in höheren Lagen als Ursache für Sturzprozesse an Bedeutung gewonnen.

### Schneeprozesse

Lawinen – unterteilt in die Hauptformen Fließlawine und Staublawine – bilden gemeinsam mit anderen Phänomenen (Schneedruck, Schneegleiten, Schneeverwehung) den Komplex der Schneeprozesse. Lawinen werden hauptsächlich aufgrund der Anbruchsform, der Bewegungsform, der Gleitfläche, der Form der Sturzbahn und der Feuchtigkeit des Schnees klassifiziert. Aus der dominierenden Bewegungsform einer Lawine (fließend oder stiebend) wurden die Bezeichnungen der Phänomene abgeleitet. In der Natur werden allerdings überwiegend Kombinationen aus Fließ- und Staublawine beobachtet. Hinsichtlich der Anbruchsform werden Lawinen in Schneebrettlawinen und Lockerschneelawinen unterteilt. Die Schneebrettlawine weist einen flächigen Anbruch auf, die Lockerschneelawine geht von einem punktförmigen Anriss aus. Die wichtigsten Faktoren, welche die Bildung und Auslösung von Lawinen begünstigen, sind extreme Schneefälle, Schneeverwehungen, ein rascher Temperaturanstieg sowie die Neigung und Ausrichtung des Geländes. Lawinen können aber auch von Schifahrern, Wildwechsel oder Steinschlag ausgelöst werden. Insbesondere Staublawinen erreichen extrem hohe Geschwindigkeiten (bis zu 200 km/h) und führen zur Zerstörung von Bauwerken. Lawinen sind jene Naturgefahr, die die höchste Zahl an Todesopfern fordert (in Österreich durchschnittlich 30 Personen pro Jahr).

# Naturkatastrophen und Gefahrenabwehr

Entwicklung des „Lebens mit Naturgefahren" in den Alpen

### „Die Natur kennt keine Katastrophen"

Die Folgen von Naturgefahren werden im menschlichen Sprachgebrauch mit extremen Begriffen beschrieben: Tod, Zerstörung, Katastrophe. Das Streben nach Sicherheit für den Lebensraum veranlasste daher die Menschen, Strategien und Maßnahmen zur Abwehr der Gefahren und zum Schutz ihres Hab und Gutes zu entwickeln. Das „Leben mit Naturgefahren" im Wandel der Zeit ist eine wechselvolle Geschichte, die die grundlegenden Veränderungen im menschlichen Umgang mit Katastrophen und der Fähigkeit zur Gefahrenabwehr widerspiegelt.

„Katastrophen kennt allein der Mensch, wenn er sie überlebt; die Natur kennt keine Katastrophen." (Max Frisch) – Naturereignisse wie Hochwässer, Lawinen oder Bergstürze treten in den Alpen seit deren Entstehung in Erscheinung. Die elementaren Kräfte des Vulkanismus, der Tektonik und der Eiszeit hatten wesentlichen Einfluss auf die Entwicklung und die Größenordnung dieser Prozesse. Freilich bleiben derartige Ereignisse im unbesiedelten Naturraum ohne Folgen. Erst die Präsenz des Menschen in den Alpentälern lässt das Elementarereignis zur „Naturgefahr", die Folgen desselben zur „Katastrophe" werden. Naturkatastrophen haben in der österreichischen Geschichte immer wieder zu schweren Verlusten von Menschenleben und Sachwerten geführt und stellten für die Bevölkerung eine existenzielle Bedrohung dar. Bis ins frühe Mittelalter herrschte daher eine fatalistische Grundhaltung gegenüber den Gefahren in der Natur vor, getragen von der Überzeugung, den elementaren Gewalten schutzlos ausgeliefert zu sein. Naturkatastrophen wurden als göttliche Fügung wahrgenommen, die zu einer Anflehung der heidnischen Götter (später: christliche Schutzpatrone) um Sicherheit und Verschonung von Schaden führte. Erst in der Neuzeit entwickelte der Mensch Techniken zur aktiven Abwehr der Gefahren, die vor allem vom Vertrauen in die technische Entwicklung getragen wurde. Im 21. Jahrhundert erleben wir einen neuerlichen Wandel („Paradigmenwechsel") hin zur Anpassung der menschlichen Lebensweise an die drohenden Gefahren, um Sicherheit nachhaltig zu bewahren.

Staublawinenabgang – gut erkennbar ist die typische Staubwolke (Quelle: die.wildbach)

Barrieren aus Stahl oder Holz schützen gegen den Ausbruch von Lawinen (Quelle: die.wildbach)

### Alpiner Lebensraum und Gefahrenabwehr

Im gleichen Maße, wie sich der Umgang mit Naturgefahren entwickelt hat, änderten sich auch die menschlichen Strategien zur Abwehr und zum Schutz vor den Gefahren. In diesem Zusammenhang ist von Bedeutung, dass erst der Rückzug der Gletscher nach der Eiszeit und die Entwicklung einer schützenden Vegetationsdecke die Grundlage für eine lebensfreundliche Umwelt und Besiedelbarkeit der Alpentäler geschaffen haben. Vor allen anderen Abwehrstrategien stand daher die Erhaltung der Schutzwälder im Mittelpunkt der menschlichen Gefahrenvorsorge. Ebenso war die Wahl der Siedlungsstandorte eine Abwägung zwischen Sicherheit und Versorgungsnotwendigkeiten.

Die Bevölkerung begann früh damit, ihre Siedlungen mit einfachen Schutzbauwerken gegen Hochwasserereignisse zu sichern. Erste Schutzmaßnahmen zur Abwehr von Überflutungen und Muren sind bereits aus der Römerzeit überliefert. Erstmals urkundlich erwähnt sind Schutzbauten an der Talfer bei Bozen (1277). Diese Bauwerke wurden jedoch häufig zerstört und mussten mit großem Aufwand von der lokalen Bevölkerung wieder errichtet werden. Ein systematisch organisiertes System zum Schutz vor alpinen Naturgefahren entwickelte sich in Österreich erst nach der Hochwasserkatastrophe 1882 in Kärnten und Osttirol.

Auch die Lawinen, im Volksmund als der „Weiße Tod" bezeichnet, spielen in der Kulturgeschichte eine grundlegende Rolle. Die schneebedeckten Alpen galten in der Vergangenheit als nur gefahrvoll zu überwindende Verkehrsbarriere. Diese Erfahrung machten 218 v. Chr. die Truppen Hannibals ebenso, wie über viele Jahrhunderte die Reisenden, die im Winter die Alpenpässe überqueren mussten. Zu jener Zeit fanden Menschen innerhalb und außerhalb des Siedlungsraums durch Lawinen den Tod, die meisten Opfer forderte in Österreich der Lawinenwinter 1689. Bis zum Ende des 19. Jahrhunderts war die Erhaltung der Schutzwälder die einzige Strategie gegen Lawinengefahren. Erst die Erschließung der Alpen mit Eisenbahnlinien (Arlbergbahn) gab den entscheidenden Impuls zur Entwicklung technischer Lawinenschutzmaßnahmen.

### Naturgefahren-Management und Anpassungsstrategien

In der modernen Zivilisation entwickelte sich der „Schutz vor alpinen Naturgefahren" schrittweise zur staatlichen Aufgabe. Die bedrohliche Entwaldung der Gebirgsregionen in Österreich infolge der Ausbeutung der Schutzwälder für Bergbau- und Industriezwecke erforderte das Einschreiten der Landesherren und führte bereits 1545 zum Erlass der ersten Waldordnung. In der Folge wurden Wälder, die den Siedlungsraum von Muren und Lawinen schützten, in Bann gelegt und die Nutzung der Wälder unter staatliche Aufsicht gestellt. Die große wirtschaftliche Bedeutung der Wasserläufe führte zur gesetzlichen Regelung im Reichswassergesetz 1869. 1884 wurde im Reichsgesetz zur unschädlichen Ableitung der Gebirgswässer die Grundlage für den Forsttechnischen Dienst für Wildbach- und Lawinenverbauung in Österreich gelegt. Weitere Meilensteine auf dem Weg zum staatlichen Naturgefahren-Management waren die Gründungen der Geologischen Reichsanstalt 1850, des Meteorologischen und geophysikalischen Dienstes 1851 und des Hydrographischen Dienstes 1893. Alle diese Einrichtungen widmeten sich auch den Beobachtungen extremer Naturereignisse und der damit verbundenen Gefahren. Im 20. Jahrhundert entwickelte sich in Österreich sukzessive ein umfassendes System des Naturgefahren-Managements, welches alle Naturgefahrenarten und alle Sektoren der Vorsorge und Bewältigung von Katastrophen umfasste. Durch die enge Kooperation zahlreicher Institutionen und die Umsetzung umfangreicher Schutzmaßnahmen konnte schließlich ein hohes Maß an Sicherheit für den menschlichen Lebensraum erreicht werden. Durch die wirtschaftliche Entwicklung nach dem Zweiten Weltkrieg hat sich jedoch die menschliche Raumnutzung auch auf vormals gefährdete Zonen ausgedehnt, so dass die Verletzlichkeit für Naturkatastrophen heute kaum geringer geworden ist. Die Sorge um die „Grenzen der technischen Machbarkeit" und die „Folgen des globalen Wandels" leitet eine neue Entwicklungsphase ein: die Anpassung der menschlichen Raumnutzung an die drohenden Gefahren und die Entwicklung von Anpassungsstrategien. Diese Ziele sind nur auf der Grundlage der Erfahrungen und Lehren realisierbar, die aus vergangenen Katastrophen gezogen wurden. Die Basis dafür bilden die Chronik und die Dokumentation vergangener Ereignisse.

# Dokumentation alpiner Naturkatastrophen

## Ereignisdokumentation

### Aufgabe und historische Entwicklung

#### Was ist „Ereignisdokumentation"?

Die Dokumentation alpiner Naturkatastrophen (Ereignisdokumentation) ist die systematische Erfassung dieser Ereignisse mittels beschreibender Texte (Berichte), statistischer Daten, Fotos und Plänen (Skizzen). Aus der Gesamtheit dieser Unterlagen können die Ursachen, der Ablauf und die Auswirkungen der Katastrophe abgeleitet werden. Die umfassende Erhebung und Darstellung ist notwendig, weil die Katastrophen in jedem Wiederholungsfall zwar ähnlich, aber doch verschieden ablaufen. Jede einzelne Katastrophe ist die Folge der Einwirkung vieler Ursachen von jeweils unterschiedlicher Art und Intensität und liefert dadurch immer wieder neue Erfahrungen für die notwendigen Vorbeugungs- und Schutzmaßnahmen gegen alpine Naturgefahren. Kurz gesagt: Die Ereignisdokumentation ist die wichtigste Aufgabe, um aus vergangenen Katastrophen zu lernen und für zukünftige Katastrophen besser vorbereitet zu sein.

#### Bedeutung der systematischen Ereignisdokumentation

Die systematische Ereignisdokumentation dient heute in Österreich vor allem als Hilfestellung für die Tätigkeit der öffentlichen Institutionen, die für die Sicherheit der Bevölkerung vor Naturgefahren zuständig sind. Die in diesen Dienststellen überregional tätigen Fachleute können aufgrund des Informationsgehaltes der Dokumentationen in Verbindung mit den Erhebungen an Ort und Stelle die bestmöglichen Entscheidungen hinsichtlich Schutzbauten, Festlegung der Gefahrenzonen, Evakuierungspläne und Raumplanung treffen. Alle diese Maßnahmen dienen der Vorbeugung und Sicherung des menschlichen Siedlungs- und Wirtschaftsraumes vor den Einwirkungen der Naturgefahren.

Die Ereignisdokumentation soll aber auch der örtlichen Bevölkerung und den lokalen Entscheidungsträgern eine Hilfe bei ihren Entscheidungen und Tätigkeiten sein und so der Tendenz des „Vergessens" entgegenwirken. Sie dient daher der Ausbildung eines Gefahrenbewusstseins in der Bevölkerung und hat somit unmittelbare Präventionswirkung.

Die verschiedenen Berichte über alpine Naturkatastrophen (Presseberichte, Chroniken, Reiseberichte), verfasst von Journalisten, Chronisten und Privatpersonen, sind zwar wertvolle Informationsquellen, aber keine Dokumentation im engeren Sinne. Sie sind meist subjektiv gefärbt und entsprechen der Wahrnehmung einer bestimmten Zielgruppe. Im Gegensatz dazu ist die Ereignisdokumentation eine nach objektiven Kriterien von Fachexperten durchgeführte Erhebung nach festgelegten Standards. Wichtig ist daher eine gute Ausbildung der Ausführenden (Ereignisdokumentare).

### Ereignisdokumentation vor der Gründung staatlicher Institutionen

In früheren Zeiten war vor allem in den schwer zugänglichen Gebirgsgegenden die Bevölkerung sehr bodenständig und sesshaft. Wissen über Gefahren in der Natur, Erfahrungen über Naturereignisse, insbesondere über alpine Naturkatastrophen, wurden über Generationen mündlich „weitervererbt" und haben zu einem lokalen Erfahrungswissen bezüglich Vorbeugung und Sicherungsmaßnahmen geführt. Es war dies in gewissem Sinne eine „mündliche Dokumentation". Diese war zwar behaftet mit den Nachteilen des teilweisen Vergessens, der Übertreibung oder Verharmlosung, aber jedenfalls eine wertvolle Hilfe für das Überleben der Menschen im Gebirge.

Abgesehen von dieser mündlichen Überlieferung der Katastrophenereignisse gab es natürlich auch die verschiedensten Berichte und Chroniken, die in den alten Kulturländern bis in die Antike zurückreichen. So berichtete der Geograph und Historiker Strabo (64/63 v. Chr. – 23 n. Chr.) bereits von Lawinenereignissen bei der Überschreitung der Alpen durch Hannibal mit seinem Heer und mit Kriegselefanten (218 v. Chr.). Eine Auswahl von Berichten über Lawinenereignisse seit der Antike ist im Buch des erfahrenen Alpinisten Walther Flaig „*Der Lawinen-Franzjosef*" enthalten. Einen Überblick einschließlich Chronik der großen Überschwemmungen, auch außerhalb der Alpen, hat der Naturwissenschaftler Karl Sonklar in der Broschüre „*Von den Ueberschwemmungen*" verfasst.

Die alten Berichte und Chroniken bestehen meist nur aus Texten, enthalten aber wenig Zahlenmaterial. Bildliche Darstellungen sind ebenfalls nur wenige erhalten, die meisten in Form von Gemälden oder Grafiken. Während Einzelberichte jeweils anlassbezogen gemacht wurden, enthalten die Chroniken von Pfarren, Städten und Herrschaften regelmäßige Aufzeichnungen von Katastrophen über längere Zeiträume.

Alle bisher angeführten Berichte und Überlieferungen können jedoch nicht als systematische Ereignisdokumentationen bezeichnet werden. Derartige gezielte und einheitliche Dokumentationen sind erstmals in der zweiten Hälfte des 19. Jahrhunderts entwickelt und angewendet worden. Maßgeblich beteiligt an deren Einführung waren eine Reihe von damals neugeschaffenen staatlichen Institutionen, was in den folgenden Ausführungen aufgezeigt werden soll.

### Ereignisdokumentation des Forsttechnischen Dienstes für Wildbach- und Lawinenverbauung

In der Schweiz wurde schon im Jahre 1872 durch den kantonalen Forstdienst in Graubünden unter J. Coaz mit der Einrichtung einer „Lawinenstatistik" begonnen. Sie umfasste die tabellarische Aufnahme und kartographische Darstellung der Lawinen jedes Jahres. Dieses Instrumentarium wurde ab dem Jahre 1878 von J. Coaz in seiner Funktion als Leiter des neugeschaffenen Eidgenössischen Forstinspektorates in allen alpinen Kantonen der Schweiz eingeführt. Die Informationen dieser Lawinenstatistik haben sich in weiterer Folge als Grundlage für die Verbauung der Lawinen in der Schweiz und für die Erstellung der Lawinen-Gefahrenzonenpläne bewährt.

In Österreich wurde diese Entwicklung zwar registriert, aber zunächst nicht nachgeahmt. Erst die Studienreise des Österreichischen Reichsforstvereines im Jahre 1909 in die Schweiz gab den entscheidenden Anstoß für die Anlage und Führung einer ähnlichen Lawinenstatistik in Österreich, ebenfalls in Formularform und mit beigefügten Situationsskizzen (1:25.000). Diese Lawinenstatistik wurde schließlich im Jahre 1912 vom k.k. Ackerbauministerium mit Erlass angeordnet. Die „Lawinen und Steinstürze" sollten durch den Forsttechnischen Dienst der Wildbachverbauung und durch den Forsttechnischen Dienst der politischen Verwaltung jährlich erhoben und dem k.k. Ackerbauministerium gemeldet werden. Die Meldungen wurden erstmalig im Sommer 1913 durchgeführt. Mit Ausbruch des Ersten Weltkrieges im Jahre 1914 kam es aber durch den Personalmangel infolge der Einberufungen zum Militärdienst zur baldigen Einstellung der hierfür notwendigen Erhebungen, wodurch die Meldungen unterblieben. Durch die Organisationsänderungen infolge der Ausrufung der Republik im Jahre 1918 konnte der Erlass nicht mehr vollzogen werden. Eine Neufassung desselben unterblieb und damit auch die Fortführung der Lawinenstatistik in Österreich.

Erst nach dem Zweiten Weltkrieg kam es aufgrund der Einrichtung einer Lawinendienststelle bei der Sektion Innsbruck der Wildbach- und Lawinenverbauung im Jahre 1948 und als Folge der schweren Lawinenereignisse in den westlichen Bundesländern Österreichs im Jahre 1951 zur Einrichtung des Lawinenkatasters mit zugehörigen Spezialkarten (1:50.000 bzw. 1:25.000) bei den Dienststellen der Wildbach- und Lawinenverbauung. In diesem Kataster wurde jede Lawine kartographisch erfasst und erhielt ein Stammblatt mit den Basisdaten des jeweiligen Lawinengebietes und ein Meldeblatt für die jahresweisen Eintragungen der Lawinenabgänge. Der bundesweite Aufbau dieses Lawinenkatasters nahm rund 25 Jahre in Anspruch. Der weitergeführte Lawinenkataster diente in den Jahren ab 1975 hauptsächlich für die Erstellung der Lawinen-Gefahrenzonenpläne.

Um auch für die Wildbäche eine Ereignismeldung zu schaffen und entsprechende Evidenzen zu erhalten, wurden vom Bundesministerium für Land- und Forstwirtschaft im Jahre 1972 die Hochwasser- und Lawinenmeldungen eingeführt. Für jedes (Katastrophen-) Ereignis war seither ein dreiseitiges Formular auszufüllen, während die vierte Seite für die Eintragung von Skizzen zu verwenden war.

Alle diese genannten Dokumentationen bilden die Grundlage für das „Ereignisportal" des aufgrund des Forstgesetzes 1975 in Entwicklung begriffenen digitalen Wildbach- und Lawinenkatasters. Diese Datenbank wird zukünftig alle Meldungen und Dokumentationen über Ereignisse von Wildbächen und Lawinen in Österreich integrieren (Seite 92).

### Ereignisdokumentation des Bundesforschungs- und Ausbildungszentrums für Wald, Naturgefahren und Landschaft (vormals Forstliche Bundesversuchsanstalt)

Die systematische Ereignisdokumentation der Lawinenabgänge wurde an der Forstlichen Bundesversuchsanstalt (FBVA) im Winter 1967/68 begonnen. Es wurden alle gemeldeten bzw. „in Erfahrung gebrachten" Schadlawinenereignisse erhoben und statistisch aufbereitet. Zur Weiterführung und Evidenthaltung dieser Arbeit wurden ab 1972 Gleichstücke der von den Dienststellen der Wildbach- und Lawinenverbauung dem Bundesministerium für Land- und Forstwirtschaft vorzulegenden formularisierten Lawinenmeldungen auch der FBVA übermittelt, von dieser periodisch ausgewertet und die Ergebnisse sodann publiziert. Die gleiche Vorgangsweise der Bearbeitung wird bei den ebenfalls seit 1972 eingeführten Hochwassermeldungen der Wildbach- und Lawinenverbauung angewendet.

Neuerdings wurde aus dem gesamten Datenmaterial der Lawinenabgänge eine „Schadlawinen-Datenbank" aufgebaut, deren jeweilige Auswertung regelmäßig in Berichten veröffentlicht wird. Darüber hinaus führt das BFW im Auftrag des Bundes immer wieder Ereignisdokumentationen durch.

### Ereignisdokumentation der Geologischen Bundesanstalt

Seit der Gründung der k. k. geologischen Reichsanstalt (heute: Geologische Bundesanstalt/GBA) im Jahre 1849 sind Forschungsergebnisse bzw. Erkenntnisse der angewandten Geologie bedeutender Wissenschaftler in die Bibliothek der GBA eingegangen. Die Bibliothek verfügt damit heute über die umfangreichsten erdwissenschaftlichen Unterlagen Österreichs sowie über ein großes geologisches Archiv. Es sind Aufzeichnungen der bedeutendsten Naturkatastrophen aller österreichischen Bundesländer verfügbar, die bis auf das Jahr 792 zurückreichen.

Die derzeit geltenden wichtigsten gesetzlichen Grundlagen für die Geologische Bundesanstalt wurden im Forschungsorganisationsgesetz (FOG) vom 1. Juli 1981, BGBl. Nr. 341, festgeschrieben – und schon mit diesem Gesetz wurde die GBA mit der Ereignisdokumentation beauftragt. Das umfangreiche Wissen der GBA findet unter anderem in der Erstellung themenbezogener geologischer Karten und Daten ihren Niederschlag. Mit dem Hinweis darauf, dass trotz großer Wissensfortschritte und aufwändiger Vorsorgemaßnahmen die Menschen und ihre Einrichtungen nach wie vor der Zerstörungskraft von Naturgefahren ausgesetzt sind, hat der Gesetzgeber in der Gesetzesnovelle vom Jahr 2000, BGBl. Nr. 47/2000 diesen Gegebenheiten durch eine Neufassung der Aufgaben der GBA Rechnung getragen. Darin wird die GBA zur Erfassung und Bewertung von geogenbedingten Naturgefahren, deren Evidenthaltung und Dokumentation unter Anwendung moderner Informationstechnologien als eine ihrer zentralen Aufgaben angehalten.

### Ereignisdokumentation der Bundes-Gendarmerie

Hier ist zu erwähnen, dass in Österreich aufgrund der Alpin-Vorschrift 1926 der Bundesgendarmerie (eingeführt 1927) auf jedem Gendarmerieposten im alpinen Gebiet ein Lawinenkataster zu führen war. Ebenso war das Landesgendarmeriekommando mittels Meldungen über *„große Schneefälle, Lawinenabgänge und Lawinenunfälle"* zu informieren. Durch diese Anordnungen sollten „Erfahrungen über Lawinengefahr" gesammelt werden. Die gleichen Vorschriften wurden nach der Neugründung der Bundesgendarmerie auch wieder in die Alpin-Vorschrift 1951 (später Gendarmerie-Alpinvorschrift) aufgenommen und blieben bis 1973 in Kraft.

Ab dem Jahr 1973 wurde eine formularisierte Lawinenmeldung eingeführt, mittels der von jedem Gendarmerieposten die Schadenslawinenabgänge zu melden waren. Abzüge dieser Meldung erhielten das Landesgendarmeriekommando und die jeweilige Sektion der WLV. Diese Lawinenmeldungen und damit die Amtshilfe für die WLV wurden aber im Jahre 1993 aus Einsparungsgründen im Zuge des „Abbaues artfremder Tätigkeiten" eingestellt.

### Ereignisdokumentation der Österreichischen Bundesbahn

Durch den Bau der Arlbergbahn von 1880 bis 1884 war die Eisenbahnverwaltung intensiv mit alpinen Naturkatastrophen konfrontiert. Nach Beendigung der Bauarbeiten und mit Beginn des Bahnbetriebes im Jahre 1884 wurde eine „Zusammenstellung der Elementarereignisse auf der Arlbergbahn (Landeck–Bludenz) mit Inbetriebnahme der Arlbergbahn" angelegt und bis zum Jahr 1993 evident gehalten. Diese Aufzeichnungen enthalten „Elementar-Ereignisse" aller Art, wie Felsabstürze, Erdabrutschungen, Steinabgänge, Schneeabrutschungen, Lawinenstürze, Hochwasserschäden usw. unter Anführung des Datums und der Örtlichkeit des Geschehens. Vermerkt wurden auch Sach- und Personenschäden. Ähnliche Aufzeichnungen, nur nicht immer in so konsequent durchgehender Form wie auf der Arlbergstrecke, wurden auch ab der Eröffnung anderer Gebirgsstrecken, wie der Mariazellerbahn (1907) oder der Tauernstrecke (1909), geführt. Später wurden auch Bilddokumentationen in Katastrophenfällen erstellt, wie z. B. von einer Zugentgleisung infolge eines Lawinenabganges am 8. Februar 1924 im Gesäuse (Seite 51) und von einer Entgleisung wegen eines Felssturzes zwischen Gstatterboden und Gesäuseeingang am 21. März 1937.

Um die Schadenserhebung innerhalb der ÖBB gesamtösterreichisch zu vereinheitlichen, wurde im Jahre 1972 in der *„B20 – Dienstvorschrift für den Bahnaufsichts- und Bahnerhaltungsdienst"* in den Artikeln 3,0 bis 5,0 die Vorgangsweise bei Naturkatastrophenfällen geregelt. Um die Ereignisse zu lokalisieren, wurden Karten im Maßstab 1:25.000 bzw. 1:50.000 angelegt, in die alle von Naturereignissen (Hochwasser, Schneeverwehungen, Lawinen, Steinschläge, Brände usw.) gefährdeten Stellen schwarz und die eingetretenen Naturereignisse mit Angabe der Jahreszahl rot eingetragen werden. Mit dieser Dienstvorschrift wurden auch Lawinen-, Lehnen- bzw. Hochwasserposten eingeführt, die in winterlichen Gefährdungszeiten die Schneehöhen, bei Hochwasserführung den Wasserstand und in gefährdeten Lehnenbereichen Bewegungstendenzen zu beobachten haben.

### Ereignisdokumentation der Universität für Bodenkultur

An der Universität für Bodenkultur war das Wissen über die Dokumentation von Wildbach- und Lawinenereignissen seit 1884 (Schaffung einer Honorardozentur für Wildbach- und Lawinenverbauung) Teil der Ausbildung. Das Institut für Alpine Naturgefahren führt immer wieder Ereignisdokumentationen durch. Seit 2008 wird außerdem ein eigener Universitätslehrgang für Ereignisdokumentation angeboten.

## Historische Quellen

Chroniken, Dokumentationen und Archive enthalten Wissen über vergangene Katastrophen

### Hinweise auf Ereignisse in prähistorischer Zeit

Informationen über Naturereignisse beruhen in den meisten Fällen auf persönlichen Erlebnissen, die mündlich weitergegeben bzw. schriftlich festgehalten werden. Neben der reinen Beschreibung des „Naturschauspieles" wird, speziell bei sehr großen Schäden, auch nach einer Ursache des Ereignisses gefragt. In historischer Zeit, in der keine wissenschaftlichen Erklärungen für das Eintreten großer Naturereignisse verfügbar waren, führte die Bevölkerung die Phänomene auf übernatürliche Begebenheiten zurück, zum Beispiel auf einen Drachen („Lindwurm").

Dieser spielt in den Sagen und Mythologien fast sämtlicher Kulturvölker eine bedeutende Rolle. So wird er als ein Tier von ungeheurer Größe, geringelt, manchmal mit mehreren Köpfen und mit einem furchtbaren Blick beschrieben. Drachen galten als reale Lebewesen, die auch in den Bergen der Alpen gehaust haben sollen, meist in Schluchten oder Höhlen. In den Alpensagen werden sie oft mit Muren und Naturgewalten in Verbindung gebracht. So wie der Drache aus der Höhle, so wälzen sich bei Unwetter Gestein und Wasser aus der Schlucht und verwüsten Wiesen und Dörfer. Diesen Ungetümen konnte niemand Herr werden. Nur besonders mutigen Menschen oder den Schutzheiligen war es vorbehalten, gegen die Drachen zu bestehen.

### Dokumentation historischer Ereignisse

Aufzeichnungen über Naturereignisse finden sich in verschiedensten historischen Datenbeständen. Zumeist war aber nicht die Dokumentation der Zweck der Aufzeichnung, sondern z. B. eine Beschreibung der vorgefundenen Phänomene in Form eines Reiseberichts oder die Darstellung des Schadens, um eine Verringerung der Abgaben gegenüber dem Lehnsherrn oder dem Staat zu erreichen. Strategisch wurden Ereignisberichte eingesetzt, um eine Änderung der Landnutzung, vor allem aber um eine Verbesserung des Waldzustandes zu erreichen. Wertvolle Quellen stellen Stadt- und Kirchenchroniken dar, die der kontinuierlichen Aufzeichnung aller Ereignisse in der Region dienten.

> ▶ **Sage: Der Absturz von der Koralpe**
> Die Koralpe als Teil der Norischen Alpen soll einst viel höher als heute gewesen sein. In einem See im Inneren der Koralpe hat ein ungeheuerlicher Lindwurm gehaust. Die Bevölkerung befürchtete, dass der Lindwurm den Berg bis zum Absturz unterhöhlen könnte. Als sich Anzeichen dafür nach einem langen Regen zeigten, flohen die Menschen und kehrten nach dem Unglück zurück. Der Lindwurm war tot. Die Schottermassen sollen das Tal so dick bedeckt haben, dass die Kirche von Gemmersdorf völlig in ihnen vergraben lag und nur die Turmspitze herausragte. So hatte die Mure sowohl Gutes (den Tod des Lindwurms) als auch vor allem Schmerzliches gebracht. Die Scheibstatt, sagt man, ist der Platz des Teufels, wo er mit Menschenköpfen hantierend sein Spiel mit dem Schicksal der Menschen treibt.
> *(Quelle: http://www.lovntol.at/natur/)*

In moderner Zeit stellen Tageszeitungen reichliche, aber nicht immer verlässliche Quellen dar; wertvoller sind Publikationen in technischen Zeitschriften. Weitere Aufzeichnungen finden sich auf Gemeindeämtern, in Pfarrkanzleien und bei Privatpersonen. Diese Informationen bleiben zumeist aber der Öffentlichkeit verborgen.

Zu Beginn des letzten Jahrhunderts wurde die Bedeutung der Ereignisdokumentation erkannt. August Zarboch veröffentlicht bereits 1921 eine Denkschrift mit folgenden Anregungen:

- Dokumentation, solange die Naturzeichen und die Erinnerung der Auskunftspersonen genügend frisch sind
- Darstellung unsachgemäßer Einbauten (Brücken, Wehranlagen etc.)
- Wirkungsbilder von Schutzbauten
- Geodätische Aufnahme bzw. Anfertigung von Stereo-Luftbildern von Hochwasser- und Verschotterungsmarken
- Erarbeitung von Richtlinien für die Dokumentation und Einschulung von Aufnahmeorganen
- Zusammenarbeit zwischen Forst- und Wasserbaudienststellen
- Aufstellung von Hochwassergefahrenklassen auf Basis der „Wasserkarten"
- Anlage eines Archives für Wildbäche und den errichteten Schutzmaßnahmen
- Normierung der Aufnahmen genereller und geschichtlicher Daten

### Die ersten Chronisten

Über Anregung des Herrn Frèdèric Montandon in Genf bearbeitete Hofrat Ing. Strele, Sektionsleiter der Wildbach- und Lawinenverbauung von Tirol (1904–1923), die Hochwasser und Vermurungen in Tirol und Vorarlberg. Das Ergebnis ist die so genannte „Brixner Chronik", eine Zusammenstellung von Ereignissen mit dem Titel: *„Chronik der Hochwasser- und Wildbachverheerungen, der Bergschlipfe, Muhrbrüche und Felsstürze in*

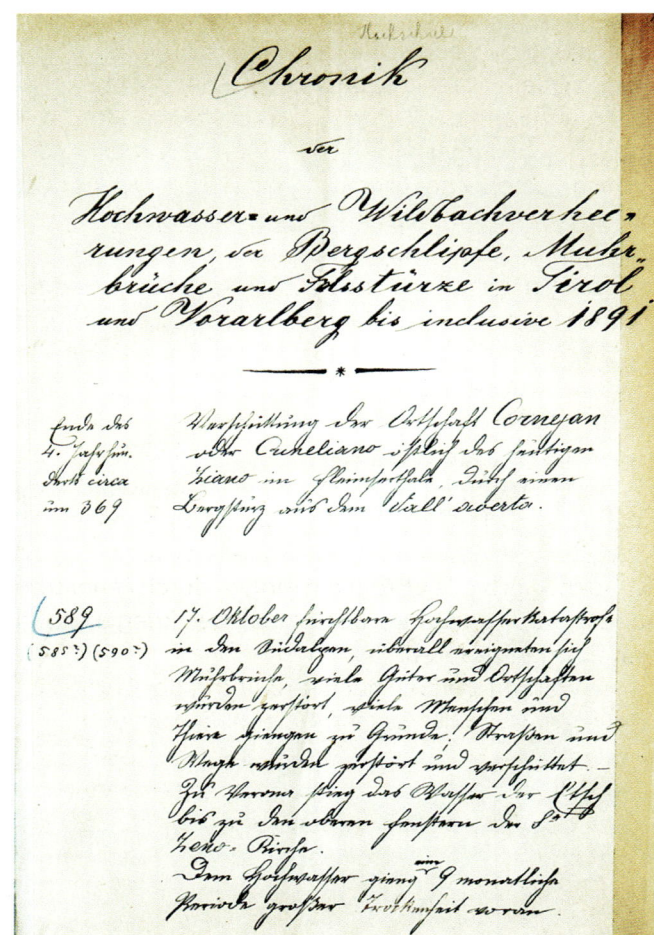

**Titelblatt der „Brixner Chronik"** nach Strele (1891) (Quelle: BOKU)

*Tirol und Vorarlberg bis inclusive 1891"*. Für die Länder Salzburg, Kärnten, Oberösterreich, Niederösterreich, Steiermark und das Burgenland stellte Univ.-Prof. Josef Stiny die hauptsächlichsten Schäden durch Bergstürze, Rutschungen, Muren und Hochwässer bis zum Jahre 1920 zusammen (*„Über die Regelmäßigkeit der Wiederkehr von Rutschungen, Bergstürzen und Hochwasserschäden in Österreich, 1938"*). Stiny war es auch, der jährliche Schadensmeldungen zusammenstellte und publizierte.

## Der Wert historischer Quellen

Eine Hauptschwierigkeit in der Auswertung der historischen Quellen stellt die Lückenhaftigkeit der zugänglichen Angaben dar. Diese sind im Allgemeinen umso spärlicher, je länger die Naturereignisse zurückliegen. Je nach persönlicher Erfahrung eines Berichterstatters werden die Informationen über das Naturereignis weitergegeben. Nach Stiny trifft man nur selten Berichterstatter an, die auch die Verheerungen durch Muren, Wasserfluten usw. wahrheitsgetreu und liebevoll der Nachwelt überlieferten. Die Daten sind also mit einer großen Unsicherheit behaftet, vor allem Abschreibefehler und Erinnerungslücken führen zu falschen Datumsangaben. Ereignissen in unbesiedelten Gebieten wurde kein Augenmerk geschenkt, Aufzeichnungen erfolgten erst bei Heranrücken der Siedlungen an die Gewässer und dem damit verbundenen Auftreten von Schäden. Wertvolle Chroniken gingen durch Feuer und andere Naturgefahren, aber auch bei kriegerischen Handlungen verloren.

Die Hauptarbeit bei der Bearbeitung der Chroniken ist das Zerlegen der Beschreibungen in einzelne, aussagekräftige Datensätze. Aber schon die Festlegung des maßgeblichen Verlagerungsprozesses kann aufgrund der Vielzahl der verwendeten Begriffe Schwierigkeiten bereiten. Deshalb ist es bei der Bearbeitung historischer Daten wichtig, eine nachvollziehbare Systematik der verwendeten Begriffe aufzustellen. Eine Interpretation der Datensätze soll jedenfalls vermieden werden. Zum Beispiel können nur quantitativ angegebene Schäden als Schaden in die Datenbank übernommen werden. Beschreibungen wie „mehrere Häuser zerstört" oder „einige Ställe weggerissen" lassen keine numerische Angabe zu, geben aber eine Auskunft über die Intensität des Prozesses. Bei der Bewertung historischer Quellen darf schließlich das „menschliche Element" nicht vernachlässigt werden. Zwischen den Aussagen „Hier ist noch nie etwas passiert!" und „Es war die größte Katastrophe aller Zeiten!" liegt meist die Wahrheit verborgen.

### Referenzprofil (Anschlagmarken)

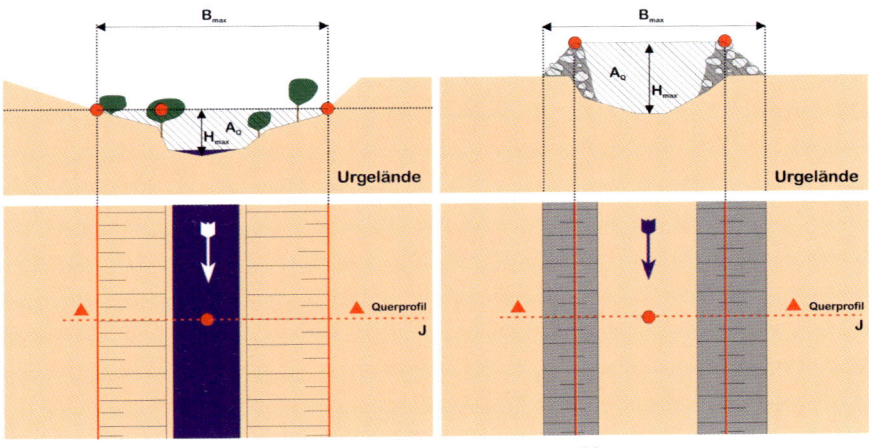

**Aufnahmeschema Referenzprofil**
(Quelle: BOKU)

## Zeugnisse aus der Natur

Die „Stummen Zeugen" geben Auskunft über die Naturgewalten und den Ablauf von Katastrophen

### Fehlende Daten

Tagtäglich werden zahlreiche meteorologische und hydrologische Parameter weltweit aufgezeichnet und statistischen Auswertungen unterzogen. Glaubt man also, dass Daten über die Auslösung und den Verlauf von Naturereignissen (Lawinen, Muren, Rutschungen, Hochwasser) leicht zu bekommen sind, wird man aber enttäuscht. Dies ist auf verschiedene Ursachen zurückzuführen:

- ▶ Kleinräumige Wettersituationen in den Alpen werden de facto von Messgeräten nicht erfasst.
- ▶ Der Großteil der Messungen wird in Talräumen und entlang der großen Flüsse durchgeführt, nicht jedoch in größeren Höhenlagen.

**Stummer Zeuge Fließlawine**
(Quelle: die.wildbach)

**Stummer Zeuge Steinschlag**
(Quelle: BOKU)

- Kleine Wildbach- und Lawineneinzugsgebiete sowie Massenbewegungen sind in der Regel nicht mit Messgeräten ausgestattet.
- Für detailreiche Messungen müsste man immer schon im Voraus wissen, wo sich ein Naturereignis abspielen wird.
- Messgeräte werden bei Naturereignissen leicht zerstört.

Angesichts der deshalb äußerst lückenhaften Datenverfügbarkeit kommt der Erhebung von Spuren im Gelände, die auf abgelaufene und rezente Verlagerungsprozesse qualitativ zurückschließen lassen und bestenfalls quantitative Interpretationen zulassen, eine hohe Bedeutung zu.

### Die „Stummen Zeugen"

Diese Spuren im Gelände werden im Fachjargon als „Stumme Zeugen" bezeichnet und von Dokumentaren oder „Spurensuchern" erhoben. Diese Personen arbeiten vor Ort wie Detektive. Sie sammeln möglichst viele Indizien, befragen Augenzeugen und bringen zusätzlich ihre Kenntnisse und Erfahrung mit ein. Wie in einem Puzzle setzen sie die verschiedenen Informationen so zusammen, dass ein stimmiges Bild entsteht. Dabei sind sie sich bewusst, dass

- keine voreiligen Schlüsse gezogen werden dürfen,
- Schlussfolgerungen immer eine Interpretation festgestellter Spuren nach Ablauf eines Ereignisses sind,
- zwei oder mehr unabhängige Hinweise notwendig sind, um Schlussfolgerungen zu stützen.

Erst auf der Basis aller verfügbaren Informationen (von Augenzeugen, stummen Zeugen, Messstationen usw.) können Rückschlüsse über Ursachen, Prozesse, Ereignisablauf oder Wahrscheinlichkeiten gezogen werden.

Stumme Zeugen finden sich im Auslösungs-, Transport- und Ablagerungsbereich von Wildbach- und Lawineneinzugsgebieten. Gemeinsam mit vegetationskundlichen und dendromorphologischen Erhebungen lassen sich auch Rückschlüsse auf die Frequenz von Ereignissen ziehen. Stumme Zeugen bilden somit eine wichtige Grundlage einer verlässlichen Gefahrenana-

**Stummer Zeuge Murgang**
(Quelle: BOKU)

## Wie Murbrüche entstehen, was sie anrichten und wie man sie bändigt

Dr. Breitenlohner, k. k. Hofbuchhandlung Wilhelm Frick, Wien 1883 (Originaltext)

Lassen wir einmal, eingekeilt zwischen den Bergflanken, einen ausgiebigen Wolkenbruch niedergehen oder über ganze Gebirgszüge einen Dauerregen sich ausschütten, da rollen sich gleichsam massirte Truppen zum Hauptstosse auf. Von den glatten, abgeschabten Alpenböden stürzt das Wasser eilends in eine Bachrunse zusammen. Die Sturmkolonne auf die tiefer liegende Region ist formirt. Das zusammengeschwemmte Wasser schleppt bereits Erdreich und Gebirgsschutt mit sich. Das starke Gefälle steigert im hohen Grade die Wirkung der Sturzmasse. Das lose Bett des Bachrunstes wird aufgerissen und der Fuß eines schuttigen Hanges unterwaschen. Der Widerlager beraubt, gleitet eine Uferwand in die gehetzte Fluth, welche sich aufbäumt und im Sprunge, gleich einem Raubthiere, auf die andere Böschung sich wirft, sie gleichfalls untergrabend. So wühlt und frisst sich das Wasser immer weiter und tiefer in die Schuttlehnen ein.

Mächtige Felsblöcke werden losgespült und sausen wie Fangbälle in den Abgrund. Nun berennt das Wildwasser die Waldungen. Links und rechts krachen die Bäume nieder und hinterher stürzt der Boden. Von obenher drängt verstärkter Nachschub und immer unwiderstehlicher wird der Vorstoß. In Galopp, mit Sätzen einer brutalen Bestie, tobt die Mure, eine dämonische Allianz zügelloser Naturgewalten, der Thalrichtung zu. Der mit rasendem Ungestüm einherbrausende ▶▶

lyse. Die wesentlichen Parameter, die die Größe oder Intensität eines Ereignisses beschreiben, stellen z. B. die räumliche Ausdehnung, Fließ- und Ablagerungshöhen und Schadensarten an Objekten dar.

**Spuren in der Natur**
Wichtigste Merkmale für Hochwasser und Überflutung sind Anschlagmarken an Gebäuden und Bäumen. Typische Merkmale von Murgängen sind U-förmige Gerinnequerschnitte, seitliche Schuttwülste (Levées) und steile, zungenförmige Ablagerungen. Rutschungen hinterlassen Spuren durch die Ausprägung der Gleitfläche, der Höhe der Anbruchsstirn und der Verlagerungslänge. Die wichtigsten „stummen Zeugen" für Lawinen sind die Art des Anbruches, die Anbruchshöhe und -flächen, die durchflossene Querschnittsfläche und die Schäden in der Sturzbahn und die Art der Ablagerung bzw. Zerstörung im Ablagerungsbereich.

➡ Strom bohrt und erzwingt sich neue Bahnen, auf welchen er fortstürmt, ohne bestimmte Straßenlinien beizubehalten. Es ist kein Bett, kein Rinnsal mehr, nur eine grauenhafte Flucht stürzender Massen, vergleichbar den wüsten Raubzügen wilder Kriegshorden der Vorzeit, vor sich die Schrecken, hinter sich die Greuel.

Alle die vielen Arme und Zweige des Murganges streben nur einem einzigen Wasserrisse, einer Sammelrinne, einem Tobel zu, vorgezeichnet durch zusammenrückende Felsrippen. Die Passage gestaltet sich zu einer Klamm, einer Schlucht, einem Schlauch. Es ist eine Erosionsspalte, eingesägt in einen Felsriegel und ausgehöhlt zu abgrundtiefen Schlünden. Da verklemmt sich zwischen den felsstarren und scheitelrechten Seitenwänden ein herabgewälzter Blockkoloss. Baumstämme verspreizen sich und verrammeln den Ausweg. Rasch sind die Wasserlücken verlegt. Hundert Fuß hoch und höher staut sich die Masse. Es tritt eine Verklausung ein, es bildet sich ein Verhau, eine Barrikade. Der Druck der Schutt- und Wasserlasten hämmert mit ungeheurer Gewalt gegen das cyklopische Schleußenthor.

Düstere Anzeichen lassen das Anrücken der Mure ahnen. Von ferne vernimmt man im heillosen Getümmel ein unbeschreiblich hohles, alles übertäubendes Gepolter, eine Kanonade bei Sturmgeheul, stundenweit hörbar. Da erhebt sich mit einem Male ganz nahe ein entsetzliches Getöse; eine grauenhafte Dissonanz von Dröhnen, Krachen, Brausen und Rauschen erfüllt die Luft. Im Aufruhr der Elemente erbebt der Boden. Wandartig und haushoch bricht brüllend der Wasserschwall mit seiner ganzen unheimlichen Ladung aus dem Zwinger hervor. Gleich der Windsbraut stürmt voraus die gepresste Luft.

Das sind die Abzugscanäle der Unwetter und Regengüsse im Hochgebirge, eine fruchtbare Bergplage, der schrecklichste der Schrecken, fast noch schrecklicher als die Windlawine. Anastasius Grün bringt einen großen Weltgedanken in poetisch-philosophische Form, wenn er sagt, es fliege den stolzen Bergriesen nur so etwas Staub von den Sohlen.

Einigemale hintereinander wiederholt sich dieses Schauspiel wildester Bergromantik. Oft geht Mure auf Mure nieder aber lahmgelegt erscheint plötzlich die unbändige Gewalt. Die lebendige Kraft des Sturzfalles hat eine andere Bewegungsform angenommen. Das vorerst rapide Gefälle ist jählings abgesunken, und wie ein ausgespannter Fächer stöbert an der Ausgusspforte der Schuttstrom auseinander. Kaum merklich stößt sich die Steinmasse abwärts, ein wahrhafter Gletscher, eine wandelnde Felsruine, ein demolirter Berg, wie Berlepsch diese Vorgänge in den Schweizer Alpen so treffend und farbenreich schildert. Allmählich, ruckweise kommt die gleitende Trümmerdecke zur Ruhe.

# Österreichs Exposition für alpine Naturkatastrophen

Die österreichische Bevölkerung ist – weit mehr als sie dies wahrnimmt – in vielen Regionen des Landes von Naturgefahren betroffen. Besonders stark ist die Exposition für Katastrophenereignisse in den Gebirgstälern der Alpen und entlang der Flussläufe. Doch wer kann tatsächlich exakt bestimmten, wie hoch das Risiko durch Naturgefahren an einem bestimmten Ort ist?

Zeichnet man eine „Naturgefahren-Landkarte" von Österreich, ergibt sich folgendes grobes Bild:

Aufgrund der gebirgigen Topographie des Landes und der klimatischen Bedingungen sind nur 38 % des Bundesgebietes als Dauersiedlungsraum geeignet. Somit konzentriert sich die Besiedelung auf die tiefer liegenden und flacheren Bereiche, so dass in diesen Räumen eine Bevölkerungsdichte von 243 Einwohnern pro km² erreicht wird. Das Schadenspotenzial durch Naturkatastrophen ist in diesen Gebieten besonders hoch. Große Teile der Landesfläche sind von Hochwasserrisiken betroffen. Es bestehen ca. 100.000 km Fließgewässer und 9.000 stehende Gewässer, die durch Hochwasserstände den menschlichen Lebensraum bedrohen können. In alpinen Gebieten geht die größte Gefährdung von Wildbächen und Lawinen aus (67 % des Staatsgebietes liegen in Wildbach- und Lawineneinzugsgebieten). Das Auftreten von Massenbewegungen (Talzuschub, Rutschungen, Felssturz und Steinschlag) ist stark von den geologischen Verhältnissen des Gebietes abhängig. Rutschungen treten in Österreich insbesondere in der „Flyschzone" (zwischen Wiener- und Bregenzerwald) sowie in Gebieten mit verwitterungsanfälligen Schiefer- und Sedimentgesteinen (z. B. „Grauwackenzone", Alpenvorland) auf. Berg- und Felsstürze sind auf Gebiete mit Festgesteinen in den Zentralalpen und Nördlichen Kalkalpen konzentriert. Steinschlag kommt praktisch an allen felsdurchsetzten Hängen in Österreich vor.

Eine der wichtigsten Informationsquellen, um die Exposition der Regionen und Gemeinden für das Auftreten von alpinen Naturkatastrophen kartographisch darstellen zu können, ist die Dokumentation von eingetretenen Ereignissen. Der folgende Abschnitt zeigt Beispiele, die den Stand der Erfassung und Dokumentation historischer Naturkatastrophen (Hochwässer, Muren, Lawinen, Steinschläge, Bergsturze, Rutschungen) wiedergeben.

Hochwasser 2005 in Au (Paznauntal/Tirol)
(Quelle: ASI)

# Räumliche Verteilung von Wildbachereignissen

Kartographische Darstellung von Ereignissen

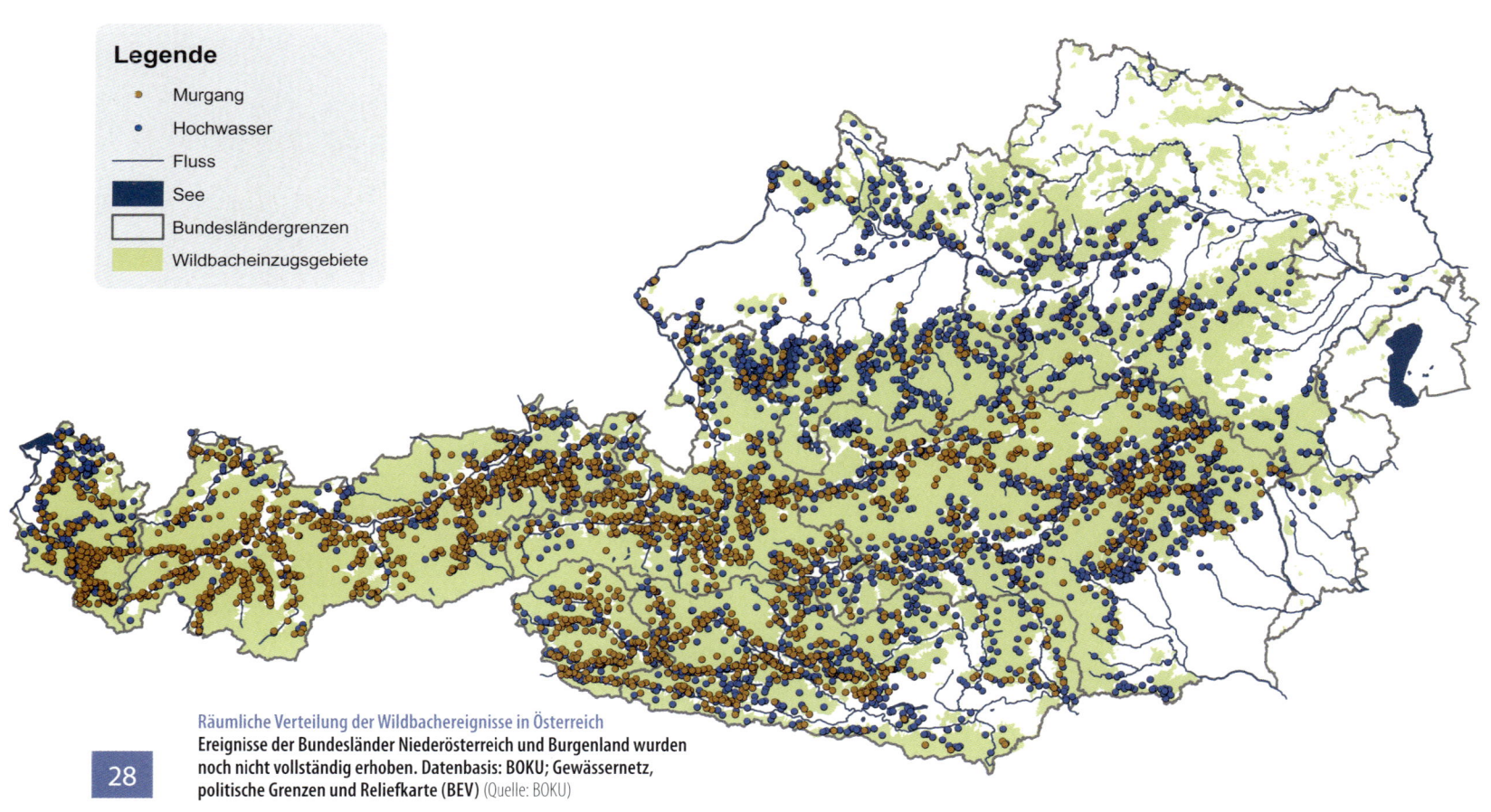

Räumliche Verteilung der Wildbachereignisse in Österreich
Ereignisse der Bundesländer Niederösterreich und Burgenland wurden noch nicht vollständig erhoben. Datenbasis: BOKU; Gewässernetz, politische Grenzen und Reliefkarte (BEV) (Quelle: BOKU)

Die Wildbacheinzugsgebiete Österreichs erstrecken sich größteils über das gesamte Bundesgebiet. Topografisch bedingt zeigt sich eine Anhäufung von Wildbacheinzugsgebieten im Alpenraum, während im Voralpengebiet und den außeralpinen Regionen eine geringere Dichte an Wildbacheinzugsgebieten vorherrscht. Aufgrund verschiedener Einflussfaktoren, wie Geologie, Relief oder Niederschlag, treten in diesen Einzugsgebieten Murgänge und/oder Hochwässer auf.

Basierend auf einer Auswertung der Gefahrenzonenpläne der Wildbach- und Lawinenverbauung, den Einträgen des Wildbach- und Lawinenkatasters sowie anderer historischer Quellen (z. B. „Brixner-Chronik", Stiny) konnten bisher rund 17.800 Wildbachereignisse registriert und verortet werden. Der Datensatz umfasst Ereignisse von 600 n. Chr. bis in die Gegenwart. Die Karte der „räumlichen Verteilung von Wildbachereignissen in Österreich" zeigt die Streuung dieser Ereignisse über das Bundesgebiet.

Trotz Unvollständigkeit der Datensätze zeigt sich eine Häufung von Wildbachereignissen in den westlichen Bundesländern. In den Bundesländern Kärnten, Salzburg, Tirol und Vorarlberg sind in absoluten Zahlen ausgedrückt 62 % der registrierten Ereignisse aufgetreten. Betrachtet man nur Murgänge alleine, scheinen auch diese in den westlichen Bundesländern häufiger vorzukommen. Zu beachten ist, dass in der Regel nur Ereignisse dokumentiert wurden, die zu Schäden an Personen und Sachwerten geführt haben. Wildbachereignisse der Bundesländer Niederösterreich und Burgenland waren mit Stand August 2009 noch nicht vollständig erhoben.

Das Bundesland Salzburg wurde ausgewählt, um die vorhandenen Daten mit einem höheren Detaillierungsgrad darstellen zu können. Insgesamt wurden in Salzburg 2.430 Wildbachereignisse (Hochwässer,

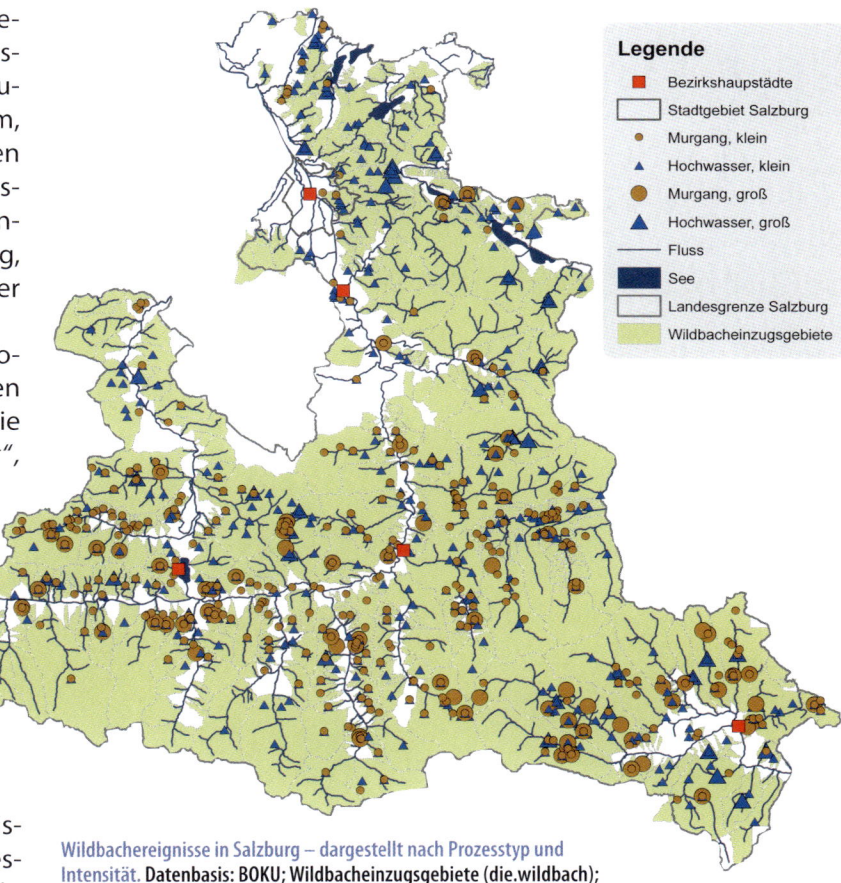

**Wildbachereignisse in Salzburg – dargestellt nach Prozesstyp und Intensität.** Datenbasis: BOKU; Wildbacheinzugsgebiete (die.wildbach); Gewässernetz und politische Grenzen (BEV) (Quelle: BOKU)

Murgänge) dokumentiert und nach Größenordnung klassifiziert. Die Karte der „Wildbachereignisse in Salzburg" zeigt die Wildbacheinzugsgebiete sowie die darin aufgetretenen kleinen und großen Hochwässer bzw. Murgänge. Im Norden des Bundeslandes scheinen eher Hochwässer und weniger Muren aufzutreten.

Wenn die Kartendarstellungen auch nur einen groben und unvollständigen Überblick über die Verteilung von Naturkatastrophen und Schadensereignissen durch Wildbäche geben, so gewinnt man doch einen guten Eindruck über die generelle Exposition der österreichischen Gebirgsregionen für Wildbachgefahren.

# Räumliche Verteilung von Lawinenereignissen

Kartographische Darstellung der Lawinenereignisse in Österreich

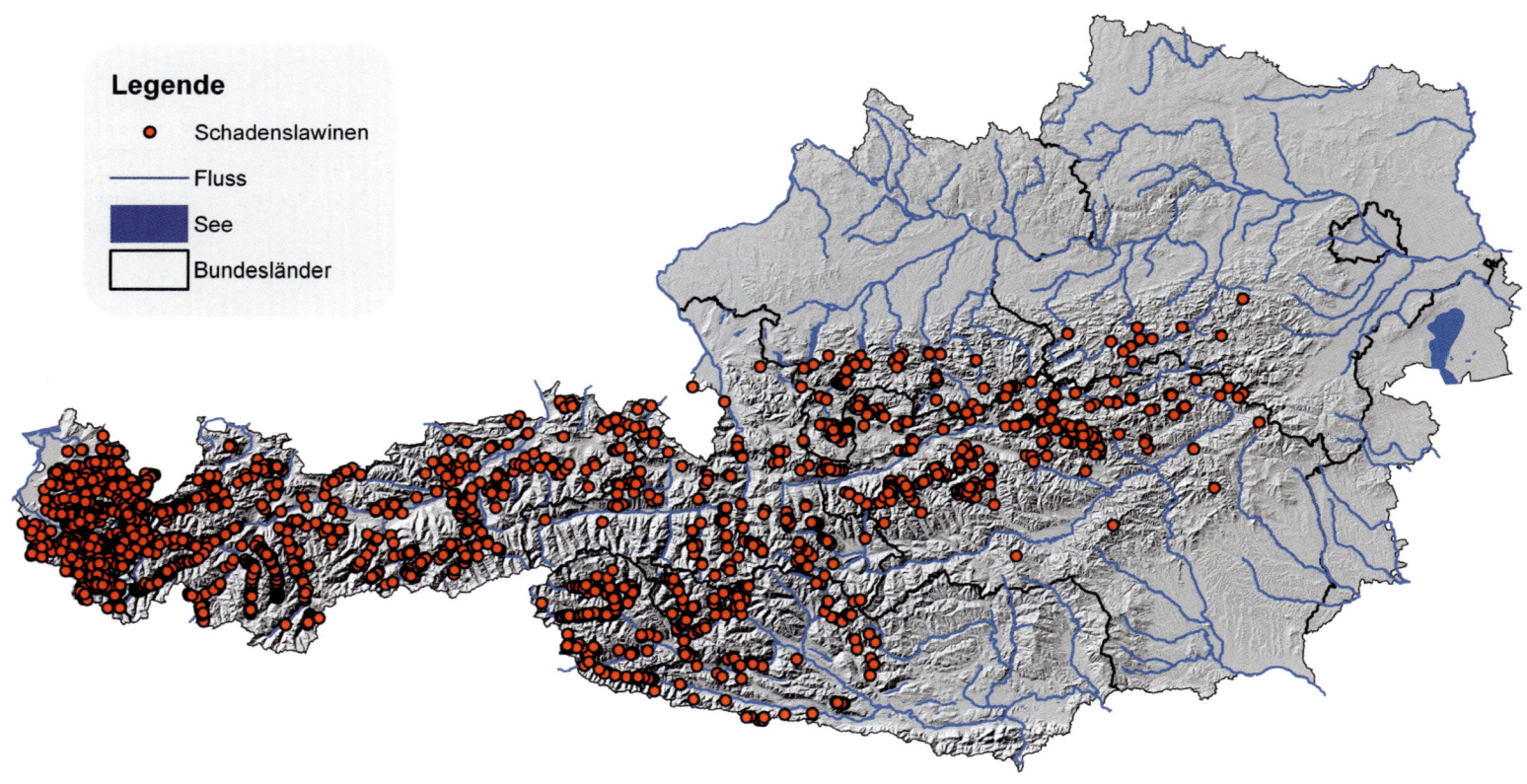

Räumliche Verteilung der Lawinenereignisse in Österreich
Datenbasis: die.wildbach/BOKU; Auswertungszeitraum 1450–2009; Kartengrundlage BEV (Quelle: BFW)

Die Aufgaben und Ziele der Lawinendokumentation heute sind vielfältiger Natur: Umweltmonitoring, Bereitstellung von Grundlagen für Untersuchungen über Lawinengefahr und -risiko sowie von Grundlagen zur Ableitung von Präventions- und Schutzmaßnahmen und zur Untersuchung von deren Wirksamkeit. Sie sind hier in gleichem Atemzug zu nennen.

Die in Österreich vorhandenen Datengrundlagen zur Erreichung dieser Ziele sind schon allein wegen der gesellschaftlichen Entwicklungen, die unter anderem zu radikalen Veränderungen der Raumnutzung und des Freizeitverhaltens der Bevölkerung im letzten Jahrhundert führten, sehr inhomogen. Qualität und Quantität der Daten sind je nach Herkunft bzw. Zielen der Dokumentationen sehr unterschiedlich. Vor einigen Jahrhunderten wurden Lawinenschadensaufzeichnungen zum Beispiel verwendet, um einen Steuernachlass zu bewirken. Weit vor dieser Zeit findet man stumme Zeugen von Ereignissen, die heute verwendet werden, um Informationen über Extremereignisse, deren Wiederkehrdauer und historische Schneemengen zu finden (Stichwort „Holozänes Lawinengeschehen").

Derzeit werden in Österreich von verschiedenen Institutionen Lawinendatenbanken betrieben. Ziel ist es, die unterschiedlichen Datenbankinhalte unter einem Dach zusammenzuführen. Die Lawinendatenbank am Bundesforschungs- und Ausbildungszentrum für Wald, Naturgefahren und Landschaft (BFW) beinhaltet zur Zeit etwas mehr als 5.000 Fälle von Schadenslawinen. Das Institut für Alpine Naturgefahren (IAN) der Universität für Bodenkultur (BOKU) hat im Projekt „Historische Ereignisdokumentation" bisher fast 7.000 Datensätze von Lawinenabgängen gesammelt. Im Ereignisportal des neuen, digitalen Wildbach- und Lawinenkatasters der Wildbach- und Lawinenverbauung finden sich inzwischen etwas mehr als 1.000 Lawinenschadensmeldungen. Insgesamt steht daher eine beachtliche Anzahl an beobachteten Einzelereignissen zur Verfügung.

Die Österreichkarte spiegelt den derzeitigen Bearbeitungsstand und zeigt mit aller Deutlichkeit die Dringlichkeit der Erhebung und Zusammenführung aller vorhandenen Unterlagen auf. In Vorarlberg ist diese Arbeit schon weit gediehen. Im derzeit laufenden Projekt „Historische Ereignisdokumentation" stammt beinahe die Hälfte der vorliegenden Datensätze aus dem Bundesland Tirol. Vorarlbergs Anteil liegt hier bei knapp unter 30 %. Aus Vorarlberg stammt auch das bisher älteste Dokument dieser Auswertungen (1450).

Die Bedeutung des betrachteten Zeitfensters veranschaulicht die Karte der Verteilung der Lawinenereignisse in Tirol. In der Datenbank des BFW sind derzeit 556 Meldungen für diesen Zeitraum von weniger als 10 Jahren enthalten. 112 Gemeinden Tirols waren von diesen Ereignissen betroffen. In beinahe 80 % der Gemeinden wurden nur 1–5 Lawinen verzeichnet, während nur rund 4 % in die oberste Häufigkeitsklasse fallen. Auf ca. 10 % der Gemeinden, aus denen Lawinenmeldungen vorliegen, entfielen rund 55 % der Ereignisse. Dieses Bild verändert sich sowohl durch Hinzukommen weiterer Lawinenmeldungen als auch bei Wahl eines anderen Auswertezeitraumes.

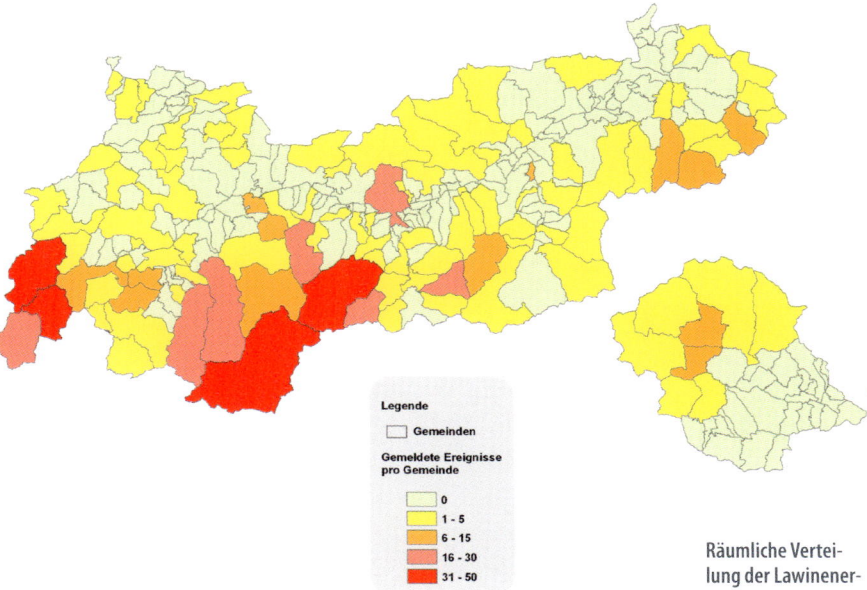

Räumliche Verteilung der Lawinenereignisse in Tirol
Datenbasis: BFW; Auswertungszeitraum 1998–2006; Kartengrundlage BEV
(Quelle: BFW)

# Räumliche Verteilung gravitativer Massenbewegungen in Österreich

## Kartographische Darstellung von Ereignissen gravitativer Massenbewegungen in Österreich

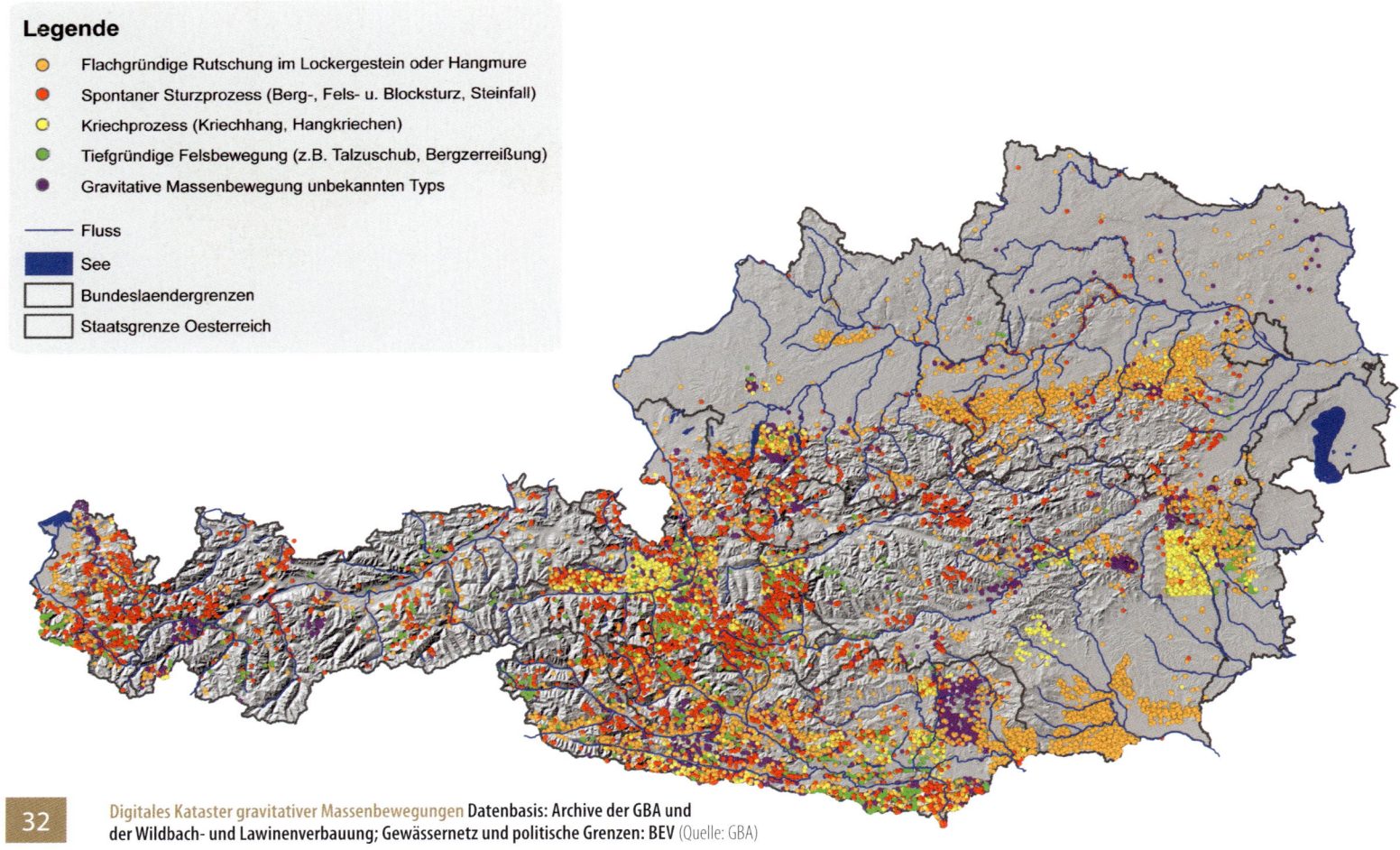

Digitales Kataster gravitativer Massenbewegungen Datenbasis: Archive der GBA und der Wildbach- und Lawinenverbauung; Gewässernetz und politische Grenzen: BEV (Quelle: GBA)

Österreich ist ein gebirgiges Land. Demzufolge sind auch gravitative Massenbewegungen als geomorphologische Reliefausgleichsprozesse keine Seltenheit. So sind allein aufgrund der geologischen Beschaffenheit des Untergrundes, des Reliefs und des Klimas stürzende Prozesse vor allem in den hochalpinen Bereichen verbreitet, während tiefgründige Felsbewegungen in ehemals vergletscherten Gebieten häufig sind und flachgründige Massenbewegungen im Lockergestein überwiegend dort entstehen, wo rutschungsanfällige Lockergesteine vorkommen (z.B. in den Flysch- und Klippenzonen Nieder- und Oberösterreichs sowie in tiefgründig verwitterten Tertiärgebieten).

Aber auch durch Eingriffe des Menschen wurde und wird vielerorts in das natürliche Hanggleichgewicht dahingehend eingegriffen, dass gravitative Massenbewegungen, beispielsweise aufgrund veränderter Wasserverhältnisse (z.B. defekte Drainagen) oder Hanggeometrien (Hanganschnitte, Anschüttungen), hervorgerufen werden, und dies vor allem in ohnehin rutschungsanfälligen Regionen.

Eine Zusammenschau der an der Geologischen Bundesanstalt und anderen Institutionen archivierten Informationen zu gravitativen Massenbewegungen (Summe: etwa 25.000) lässt deutlich Datenlücken erkennen (beispielsweise in Tirol). So steht zwar ein Daten- und Informationsarchiv beachtlichen Umfangs zur Verfügung, jedoch müssen diese Datenlücken zukünftig durch weitere Recherchen und Erkundungen geschlossen werden. Erschwert wird diese Aufgabe dadurch, dass immer wieder neue gravitative Massenbewegungen entstehen, durch die der Mensch und seine Bauwerke bedroht werden (wie beispielsweise im August 2005 in Vorarlberg, Tirol und der Oststeiermark sowie im Juni 2009 in Nieder- und Oberösterreich).

Um jene Bereiche objektiv einzugrenzen, in denen aufgrund der natürlichen Beschaffenheit vordringlich Datenlücken per Felderkundung und Archivrecherchen geschlossen werden sollten/müssten, können modelltechnisch erstellte Rutschungsanfälligkeitskarten herangezogen werden. Konkrete quantitative Aussagen für einzelne Standorte hinsichtlich der Wahrscheinlichkeit (Wiederkehrzeit, Zeitpunkt) und der resultierenden Gefahr für Mensch und Infrastruktur sind anhand derartiger Karten jedoch nicht ableitbar. Dies liegt einerseits in den zeitlich und kleinräumig variablen prozessrelevanten Standortverhältnissen und -eigenschaften, andererseits in der Komplexität der Prozessentstehung und des Prozessablaufes begründet. Beides kann nicht mit landesweit verfügbaren Daten hinreichend erfasst werden. Deshalb sind immer für quantitative Aussagen zur Gefahr und zum Risiko Einzelgutachten erforderlich.

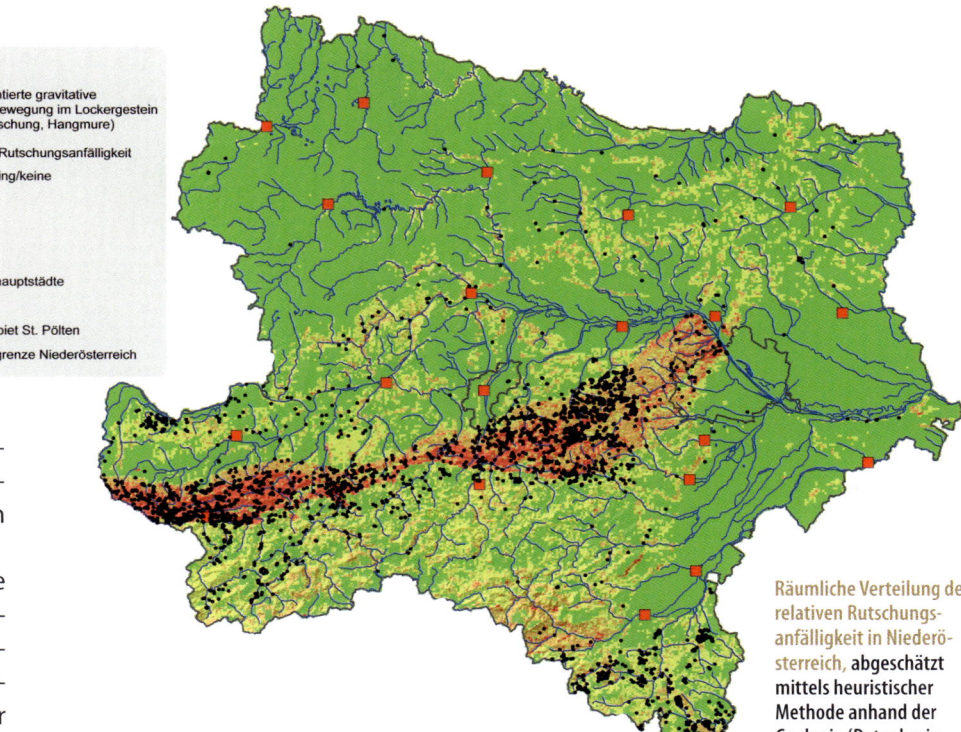

Räumliche Verteilung der relativen Rutschungsanfälligkeit in Niederösterreich, abgeschätzt mittels heuristischer Methode anhand der Geologie (Datenbasis: digitale Geologische Karte, Maßstab 1:200.000; GBA), der Hangneigung (Datenbasis: digitales Geländemodell, 50 m Raster; BEV) und der Waldverteilung (Datenbasis: Topographische Karte Österreichs, Maßstab 1:50.000; BEV) (Quelle: GBA)

# Schäden durch alpine Naturkatastrophen

Sachschaden durch Wildbachereignisse und Personenschäden

In Österreich werden Jahr für Jahr eine Vielzahl von Sach- und Personenschäden durch Lawinen, Hochwasser, Felsstürze, Steinschlag, Muren und Rutschungen verursacht. Trotz der großen Häufigkeit des Auftretens ist nur wenig über das durch diese Naturgefahren verursachte Schadensausmaß bekannt. Das liegt unter anderem daran, dass die Bewertung von Schäden ein sehr subjektiver Vorgang ist. Es müssen weiters neben den direkt erkennbaren Schäden auch Folgeschäden abgeschätzt werden, die oft zeitverzögert bzw. über einen längeren Zeitraum für den Einzelnen, für Kommunen, Firmen oder die gesamte Volkswirtschaft schlagend werden.

Außerdem fehlt in Österreich ein System zur umfassenden und einheitlichen Schadenserfassung. Katastrophenschäden werden in Österreich von verschiedenen Institutionen (Länder, Kammern, Versicherungen) mit unterschiedlichen Zielsetzungen und Methoden erhoben. Die Daten sind daher kaum direkt vergleichbar.

### Schäden durch Wildbachereignisse (1972–2004)

Die Dokumentation von Wildbachschadensereignissen erfolgte bisher mittels standardisierter Schadensformulare. Diese enthielten Angaben über Schadensursachen und Auswirkungen. Die Auswirkungen von Sachschäden wurden dabei u. a. über Anzahl und Nutzungsart der betroffenen Raumelemente beschrieben. Es erfolgt jedoch – mit Ausnahme der Abschätzung der benötigten Mittel für Schutzmaßnahmen – keine weitere monetäre Schadensfeststellung.

Um den finanziellen Schaden der von den Mitarbeitern des Forsttechnischen Dienstes für Wildbach- und Lawinenverbauung dokumentierten Wildbachereignisse abschätzen zu können, wurden im Rahmen eines Projektes des Bundesforschungs- und Ausbildungszentrums für Wald-, Naturgefahren und Landschaft (BFW) und der Universität für Bodenkultur (BOKU) prozess- und objektspezifische „Vulnerabilitätsfaktoren" entwickelt bzw. aus der Literatur entnommen und damit rund 5.000 in der Datenbank des BFW gesammelte Schadensereignisse monetär bewertet. Das mit dieser Methode berechnete Gesamtschadensausmaß für Wildbachereignisse (Objektschadensausmaß inklusive Aufräumkosten) belief sich im Untersuchungszeitraum von 1972–2004 auf 965 Millionen €.

Einzelne Naturkatastrophen haben in Österreich zu vergleichsweise exzessiven Schäden geführt: Die Hochwasserkatastrophe 2002 verursachte Schäden in der Höhe von € 2,9 Mrd., jene des Jahres 2005 immerhin von ca. € 592 Mio. Diese Werte liegen weit über den durchschnittlichen Schadenssummen.

## Räumliche Verteilung der Schadenssummen (Wildbachereignisse)

Die Auswertung der Schadensdatenbank des BFW ergab für das Bundesland Salzburg den größten Anteil an direkten Sachschäden (21 %), gefolgt von der Steiermark (18,2 %). Auf Bezirksebene konzentrieren sich die meisten Ereignisse auf den rand- und inneralpinen Teil Österreichs. Der am stärksten von Sachschäden durch Wildbachereignisse betroffene Bezirk ist Zell am See mit 111 Mio. € Schadenssumme. Die in diesem Bezirk liegende Gemeinde Saalbach-Hinterglemm trägt dabei mit einer Gesamtschadenssumme von 45 Mio. € den Löwenanteil.

Stellt man die Anzahl der Ereignisse pro Bezirk dem Gesamtschadensausmaß gegenüber, zeigt sich, dass die Anzahl der Ereignisse nicht zwangsläufig mit der Schadenshöhe korrelieren muss. Beispielsweise ereigneten sich im Bezirk Kufstein innerhalb des Auswertungszeitraumes nur 34 Ereignisse, trotzdem weist der Bezirk die zweithöchste Gesamtschadenssumme (39 Mio. €) auf.

## Personenschäden

Obwohl bisher in Österreich keine einheitliche statistische Erfassung von Personenschäden durch Naturkatastrophen durchgeführt wurde, ist aus den verfügbaren Quellen ableitbar, dass das Todesrisiko durch Naturereignisse in Relation zu anderen Todesursachen „vernachlässigbar" gering ist. Eine Ausnahme stellen Lawinen und Wildbäche dar, welche bei besonders extremen Katastrophen immer wieder hohe Opferzahlen fordern. Wie die Statistik der Todesopfer durch Wildbäche und Lawinen auf Grundlage der Gefahrenzonenpläne der Wildbach- und Lawinenverbauung zeigt, könnten die Opferzahlen durch Wildbachkatastrophen bis zu 70 Personen pro Jahr, durch Lawinenkatastrophen bis zu 260 Personen pro Jahr erreichen.

In der jüngeren Vergangenheit hat die Zahl der Todesopfer durch Lawinen („Weißer Tod") stark zugenommen und liegt bei durchschnittlich 30,3 Personen pro Jahr (1980–2005). Diese hohe Opferzahl ist jedoch vor allem auf die Lawinenunfälle im hochalpinen Bereich und außerhalb der gesicherten Pisten zurückzuführen.

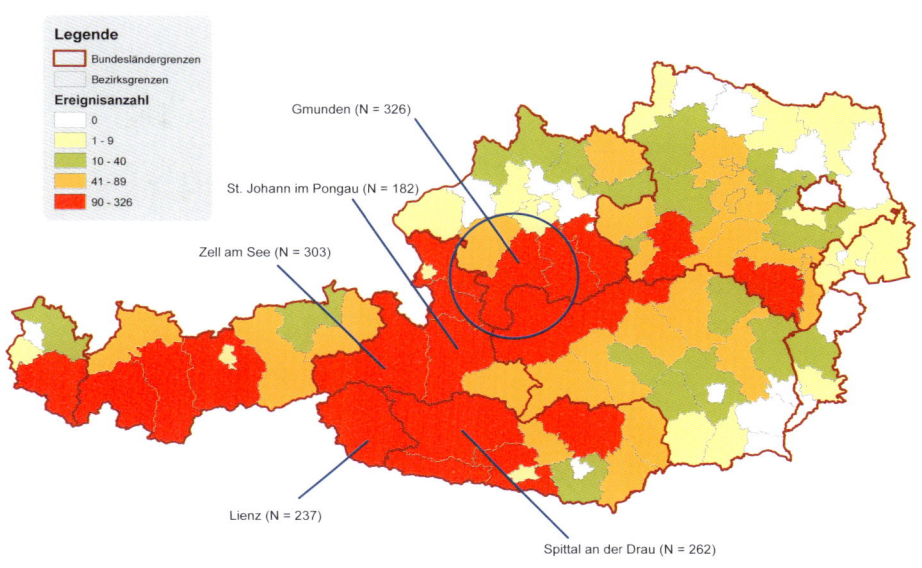

**Anzahl der Wildbachschadensereignisse pro Bezirk im Zeitraum 1972–2004** (Quelle: BOKU und BFW)

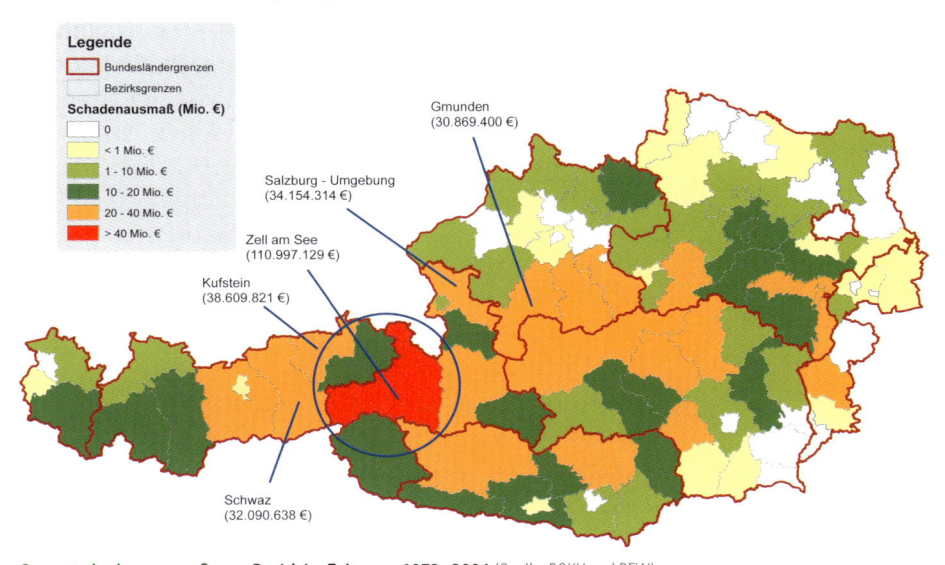

**Gesamtschadensausmaße pro Bezirk im Zeitraum 1972–2004** (Quelle: BOKU und BFW)

# Häufigkeit und Intensität von Ereignissen

## Zeitliche und räumliche Analyse von Wildbach- und Lawinenereignissen

Basierend auf den Gefahrenzonenplänen der Wildbach- und Lawinenverbauung und den darin dokumentierten Ereignissen wurden Zeitreihen und Karten erstellt, die deren Auftreten hinsichtlich Häufigkeit und Intensität veranschaulichen. Insgesamt wurden zur Auswertung ca. 15.900 datierte Wildbachereignisse herangezogen, welche bis in das Jahr 544 n. Chr. zurückreichen. Für den Zeitraum 1970–2000 wurden zusätzlich ca. 3.100 dokumentierte Ereignisse aus der Datenbank des Bundesforschungs- und Ausbildungszentrum für Wald, Naturgefahren und Landschaft (BFW) übernommen und somit die Vollständigkeit des Datensatzes verbessert. Die Analyse der Lawinenereignisse basiert auf einer Datengrundlage von ca. 5.900 dokumentierten Ereignissen.

### Zeitreihen dokumentierter Ereignisse

Eine erste Aussage über die Häufigkeit und Zunahme von Ereignissen wurde über die Betrachtung einzelner Jahrzehnte realisiert. Die dokumentierten Ereignisse einer Dekade wurden zu diesem Zweck aufsummiert und entlang einer Zeitachse dargestellt. Der vermeintliche Anstieg der Anzahl an Ereignissen lässt jedoch keine Rückschlüsse auf eine Häufung von Ereignissen zu. Vielmehr wurde seit der Gründung der Wildbach- und Lawinenverbauung im Jahre 1884 die Dokumentation von Wildbachereignissen als systematische Aufgabe eingeführt. Die stagnierende Zahl an aufgezeichneten Ereignissen in den 20er, 30er und 40er Jahren des 20. Jahrhunderts ist auf die Weltkriege zurückzuführen, in denen aufgrund Personalmangels die Erhebungen nicht vollständig durchgeführt werden konnten. Seit den 1950er Jahren wird die Ereignisdokumentation wieder auf einem sehr intensiven Niveau betrieben. Die steigende Anzahl an Ereignissen verdeutlicht dies.

Die Lawinenhäufungen einzelner Jahrzehnte müssen als besonders intensive, unregelmäßig wiederkehrende Lawinenwinter interpretiert werden. Die sinkende Anzahl an Ereignissen ab den 1980er Jahren kann damit erklärt werden, dass das BFW seit den 1970er Jahren verstärkt die Lawinenereignisse aufgezeichnet hat und diese in den Datensatz bisher nicht integriert wurden. Ein weiterer Umstand, der zur Häufung von Wildbach- und Lawinenereignissen führt und in Zukunft führen wird, ist die stetige Ausbreitung des besiedelten Raumes. Es ist naheliegend, dass in der Regel nur Ereignisse dokumentiert werden, die Schäden im Siedlungsraum verursachen.

Die Darstellung der Ereignisse pro Jahr ist ein weiteres sehr nützliches Mittel, um ereignisreiche Jahre hervorzuheben. So sind in der Zeitreihe der Wildbachereignisse die ereignisreichen Jahre 1882, 1954, 1959, 1965/1966, 1975, 1981 sowie das Jahrhundertereignis von 2002 besonders gut ersichtlich. In der

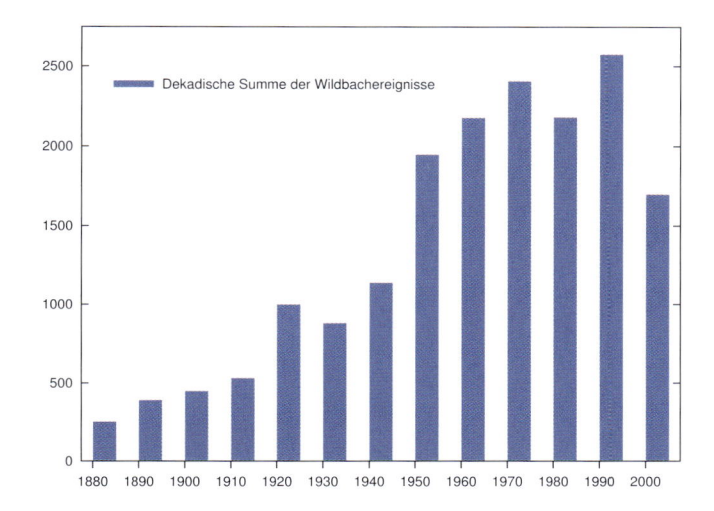

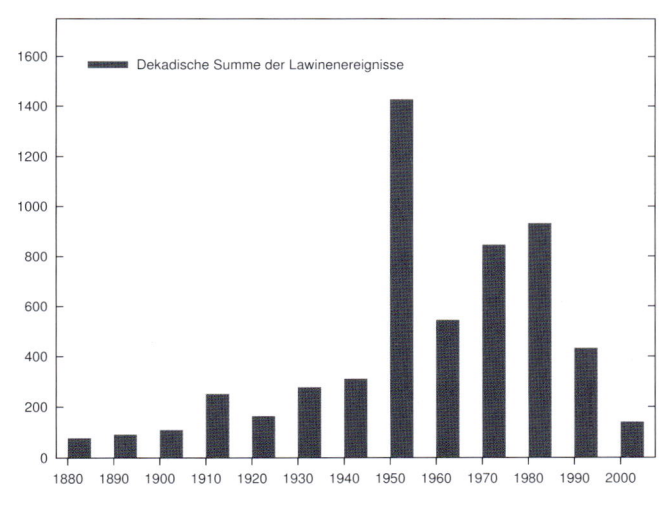

**Anzahl der Wildbach- (oben) und Lawinenereignisse (unten) je Dekade**
(Datenbasis: Verzeichnete Ereignisse in den Gefahrenzonenplänen der Wildbach- und Lawinenverbauung) (Quelle: BOKU)

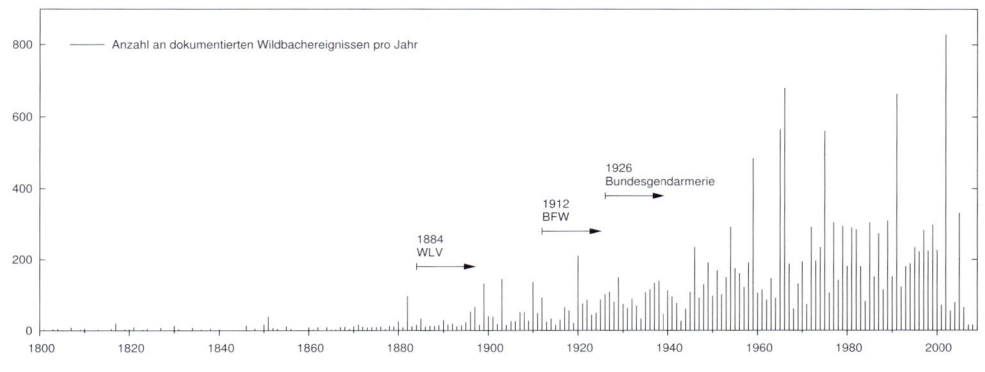

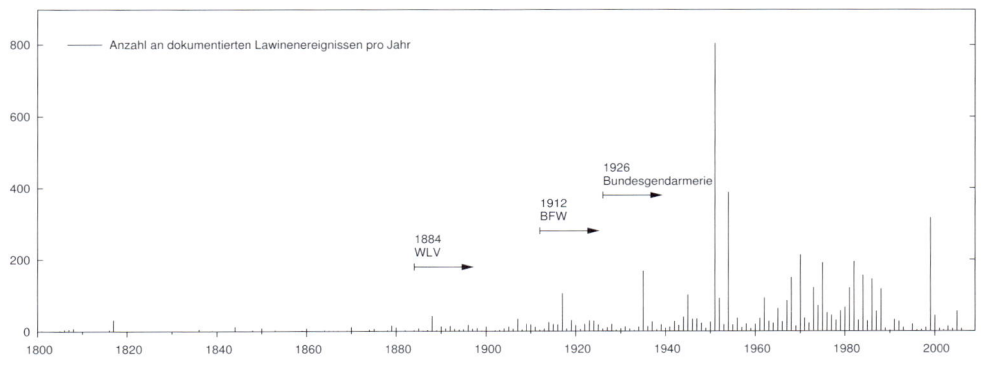

Zeitreihe der Lawinenereignisse heben sich die Jahre 1888, 1917, 1935, 1951, 1954, 1970, 1975, 1983 sowie der Lawinenwinter 1999 hervor.

## Frequenzanalyse für einzelne Einzugsgebiete

Die Frequenz-Intensitäts-Analyse einzelner Einzugsgebiete ist eine weitere mögliche Form der Analyse der Ereignischronik. Anhand von zwei Wildbächen (Bretterwandbach, Farstrinne) und einer Lawine (Arzleralmlawine) wird exemplarisch gezeigt, welche Indikatoren aus Ereignisdokumentationen abgeleitet werden können. Einerseits lassen sich der Zeitpunkt des Auftretens der Ereignisse gegenüber den dabei beobachteten Intensitäten darstellen; so entsteht ein visueller Eindruck über die Häufigkeit von Ereignissen. Andererseits können die Graphiken auch numerisch interpretiert werden, in dem man mit den vorhandenen Daten eine Frequenz von häufigen und seltenen Ereignissen berechnet. Am Beispiel des Bretterwandbaches tritt statistisch betrachtet ein häufiges Ereignis (Intensität klein S und mittel M) einmal in 11 Jahren auf und ein seltenes Ereignis (Intensität groß L und extrem XL) einmal in 41 Jahren. Zur besseren Veranschaulichung wurden die Zeitskalen der einzelnen Einzugsgebiete

**Dokumentierte Ereignisse pro Jahr: Hochwasser und Muren (oben) sowie Lawinen (unten).** Dargestellt wird auch der Beginn der Aufzeichnungen durch einzelne Institutionen (Quelle: BOKU)

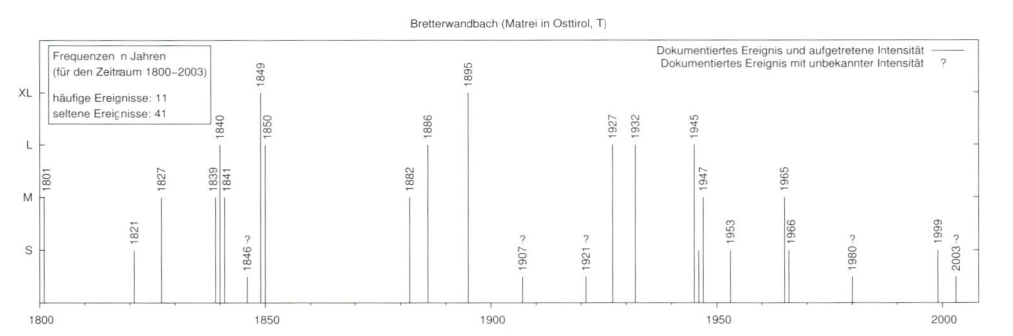

gleich lang gewählt, obwohl im Falle des Bretterwandbaches und der Farstrinne noch weitere 15 bzw. 5 Ereignisse vor 1800 dokumentiert sind.

### Häufigkeitsverteilung auf Bezirksebene

Neben der Darstellung in Diagrammen unter Angabe von Zahlenwerten kann die Anzahl und Häufung von Ereignissen auch räumlich berechnet werden. Hierfür wurden die Wildbachereignisse pro Bezirk aufsummiert und die Anzahl an Ereignissen pro 10 km² Bezirksfläche ermittelt. In alpinen Bezirken treten mindestens zwei Ereignisse auf je 10 km² Bezirksfläche auf. In nur sieben Bezirken (Bludenz, Dornbirn, Imst, Lienz, Kitzbühel, Kufstein und St. Johann im Pongau) konnte eine Dichte von mehr als vier Ereignissen pro 10 km² nachgewiesen werden. Jene Bezirke die eine größere Dichte an Ereignissen aufweisen, befinden sich überwiegend in Westösterreich und in den östlichen Ausläufern der Alpen.

### Vollständigkeit der Zeitreihen – Aussagekraft der Analysen

Die Datenbank, auf der die dargestellten Zeitreihen und Frequenz-Intensitäts-Analysen beruhen, weist noch zahlreiche Lücken auf. Bisher ist es in Österreich noch nicht gelungen, alle Datenbestände über historische Naturkatastrophen in einem Datensatz zusammenzuführen. Ebenso wurde bisher nur ein Teil der aufgetretenen Naturkatastrophen erfasst. Damit sind die Zeitreihen unvollständig und die Aussagekraft der Analysen beschränkt. Trotz dieser Einschränkungen lassen sich aus den Darstellungen wertvolle Informationen und Trends ableiten.

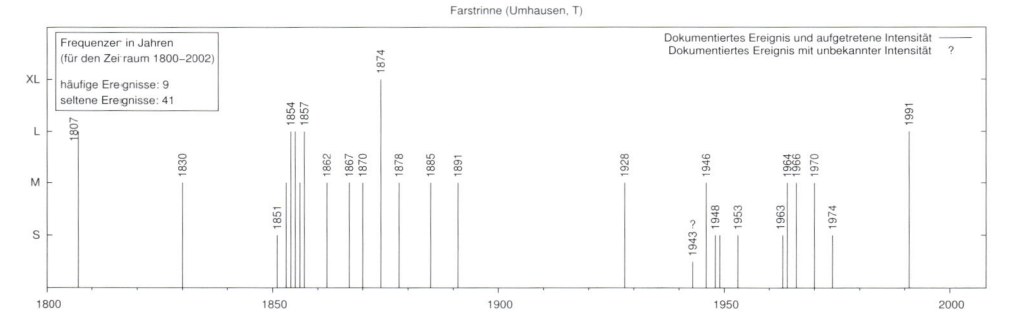

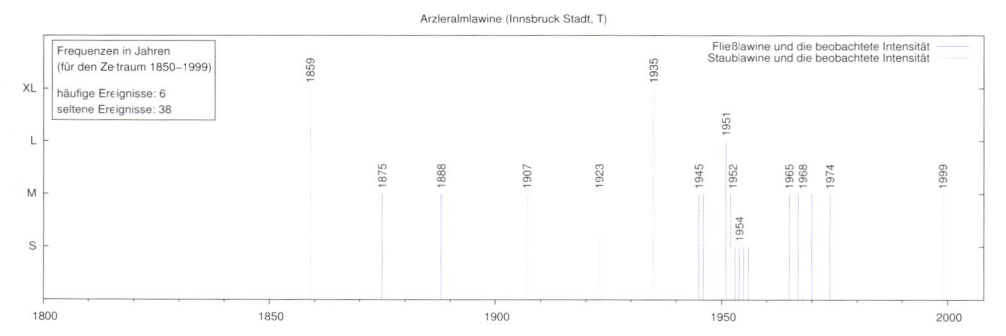

S  Einzelne Personen- und Sachschäden
M  Umfangreiche Personen- und Sachschäden
L  Ganze Siedlungen können geschädigt werden
XL  Ereignis katastrophalen Ausmaßes

**Frequenzanalyse für häufige und seltene Ereignisse** der Wildbäche Bretterwandbach und Farstrinne sowie der Arzleralmlawine (Staub- und Fließlawinen): Die Informationskästen in der linken oberen Ecke beinhalten jeweils die berechneten Frequenzen für häufige und seltene Ereignisse (Quelle: BOKU)

# Die großen alpinen Naturkatastrophen in Österreich

Seit dem Ende der letzten Eiszeit vor ca. 16.000 Jahren haben zahlreiche Naturkatastrophen ihre Spuren in den Alpen hinterlassen. Wildbäche haben mächtige Schwemmkegel aufgeschüttet, Felsstürze und Steinschlag Gesteinsschutt in großen Halden abgelagert. Besonders eindrucksvolle Landmarken stellen die Tomalandschaften der nacheiszeitlichen Bergstürze dar. Doch es gibt auch alpine Naturkatastrophen, die weniger dauerhafte Spuren in der Landschaft hinterlassen, insbesondere Hochwasser- und Lawinenereignisse. Katastrophen extremer Größenordnung traten in der Geschichte Österreichs immer wieder auf. Doch ist der genaue Zeitpunkt des Eintritts einzelner Katastrophen selten überliefert. Die „Stummen Zeugen" in der Natur bedürfen daher der Ergänzung durch die vom Menschen erstellten Aufzeichnungen. Aus diesen Informationen können schließlich Chroniken und Zeitreihen zusammengesetzt werden.

Ohne dieses Wissen hat nur ein geringer Teil der betroffenen Bevölkerung eine genauere Vorstellung über die Größenordnung von Naturgefahren, den Ablauf von Katastrophen und das Ausmaß der potenziellen Schäden. Dokumente und Bilder historischer Katastrophen sind das beste Instrument, das Risiko durch Naturkatastrophen in das Bewusstsein der Bevölkerung zu rücken. Die Darstellungen rütteln wach und schaffen Betroffenheit. Der nachfolgende Abschnitt enthält eine „Chronik der großen alpinen Naturkatastrophen in Österreich". Auf der Zeitreise durch die Geschichte dieser Ereignisse taucht der Leser in eine Welt von Naturgewalten, Zerstörung und menschlichen Schicksalen ein. Andererseits weist die Geschichte auch den Weg aus der Bewältigung von Katastrophen zurück in ein „normales" Leben. Die Chronik dokumentiert eindrucksvoll die Grenzen des Schutzes. Auch zukünftig werden Naturereignisse eintreten, die vom Menschen nicht beherrschbar sind: ein Blick in die Vergangenheit, um für zukünftige Katastrophen besser vorbereitet zu sein.

**Naturkatastrophen bedrohen den Siedlungsraum in den Alpen: Hochwasser 2005 in Pfunds (Tirol)** (Quelle: die.wildbach)

# Prähistorische Naturkatastrophen

## Große Bergsturzereignisse nach Rückzug der Gletscher der letzten Eiszeit

**Tschirgant-Bergsturz**
- Vor ca. 2.800 Jahren
- Fläche: 13 km²
- Volumen: 0,18 bis 0,24 km³
- Geschwindigkeit: bis zu mehrere hundert Stundenkilometer
- Tote: unbekannt

**Köfels-Bergsturz**
- Vor ca. 9.800 Jahren
- Fläche: 12 km²
- Volumen: 2,0 bis 3,28 km³
- Geschwindigkeit: bis zu mehrere hundert Stundenkilometer
- Tote: unbekannt

Der Alpenraum war bis vor etwa 20.000 Jahren letztmalig großflächig von Gletschern bedeckt. Diese schürften die Täler endgültig tiefgründig aus, so dass trogartige (U-förmige) Täler entstanden. Das Gletschereis stabilisierte zunächst noch die übersteilten Hänge. Jedoch wurden diese im Zuge des Gletscherrückzuges aufgrund des zunehmend fehlenden Eiswiderlagers und einhergehender Druckentlastung vielerorts instabil. Dies äußerte sich neben tiefgründig kriechend-rutschenden Hängen auch in plötzlichen Bergstürzen. Ein Beispiel für die damals sich ereignenden Bergstürze ist jener des Tschirgant im oberen Inntal (Tirol), dessen Narben in der oberen Bergflanke noch deutlich zu erkennen sind. Weitere Bergstürze waren jene von Köfels im Ötztal und des Fernpasses (beide Tirol), des Almtals in Oberösterreich und des Dobratsch in Kärnten. Die abgestürzten Felsmassen füllten oft die Talsohlen aus, durch den Köfels-Bergsturz entstand sogar ein ganzer Berg (Taufererberg). Dadurch wurden die Flüsse zunächst aufgestaut, nach und nach bahnten sie sich aber wieder einen Weg (wie die Ötztaler Ache in der Maurachschlucht). Die Bergsturzmassen sind auch heute noch an der kleinräumig in Kuppen und Mulden gegliederten Landschaft (Tomalandschaft) und den zertrümmerten Gesteinsbrocken zu erkennen.

**Blick vom Tschirgant** auf das Naturschutzgebiet der Tomalandschaft (Quelle: GTO)

**Die deutlich sichtbaren Narben an der Tschirgant-Südflanke** zeugen noch heute vom prähistorischen Bergsturz (Quelle: GTO)

**Köfelsit** (Quelle: GBA)

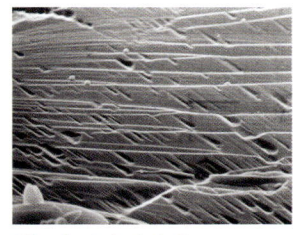

**Mikroskopische Aufnahme „geschockter" Quarze** (Quelle: GBA)

**Die Ötztaler Ache grub sich in Form der Maurachschlucht** einen Weg durch die Schuttmassen des Köfelsbergsturzes (Quelle: GTO)

**Der Stuibenfall im Ötztal** (Quelle: GTO)

## Besonderheiten

Nach dem Fundort nahe dem Ort Köfels wird ein Gestein „Köfelsit" genannt. Anfang des 19. Jahrhunderts dachte man, es würde sich dabei um Bimsstein (ein Gestein vulkanischer Entstehung) handeln, da es typischerweise blasenartige Hohlräume enthält. Im Jahr 1936 kam dann die Theorie eines Meteoriteneinschlages hinzu, denn mikroskopische Untersuchungen ergaben, dass „geschockte Quarze" enthalten sind, welche typisch für jene extrem hohen Temperaturen sind, die durch Meteoriteneinschläge hervorgerufen werden. Heute weiß man, dass diese durch die große Reibungshitze während eines Bergsturzes entstehen können.

## Sehenswert

Bereits von der Inntalautobahn aus erschließt sich die Schönheit der durch den Bergsturz am Tschirgant entstandenen Tomalandschaft. Diese wurde als Biotop auf einer Fläche von 340 ha unter Schutz gestellt und mehrere Lehrpfade eingerichtet. Ebenso geht auch der höchste Wasserfall Tirols auf einen Bergsturz, den Köfelsbergsturz, zurück. So versperrten die zum Taufererberg aufgetürmten Bergsturzmassen den ursprünglichen Weg des Horlachbaches. Dieser hat sich dann etwas seitlich nach Norden verlegt, einen neuen Weg gesucht und stürzt nun über eine Höhe von mehr als 150 m als Stuibenfall zu Tal.

# Wildbach- und Lawinenereignisse vor 1882

## Naturkatastrophen bedrohen den menschlichen Lebensraum

- Katastrophale Murgänge und Höchwässer führten zur Zerstörung ganzer Orte: Schwaz (600), Matrei/Osttirol (1347), Bad Hofgastein (1569), Zell am See (1737)
- 1517: Eine Darstellung in der Biographie des Kaisers Maximilian gilt als älteste Bildquelle einer Lawine
- Lawinenwinter 1689: 256 Todesopfer
- Naturkatastrophen in der Gemeinde Längenfeld (Tirol): Murgänge führen zur Aufgabe mehrerer Dörfer (Moos, Taufers)
- Gletscherseeausbrüche führen zur wiederholten Überflutung des Ötztals (Tirol: 1600, 1678, 1680

In der Zeit vor 1882, also vor Gründung der Wildbach- und Lawinenverbauung in Österreich, wurde der Lebensraum in den Alpen immer wieder von verheerenden Naturkatastrophen heimgesucht. Zahlreiche historische Quellen wie das *„Hausbüchl der Stampferin"* aus Vordernberg (Steiermark, 1690), das *„Chronikbuch des Franz Stippler"* aus Längenfeld (Tirol, 1762) oder die *„Brixner Chronik"* aus 1891 geben Zeugnis von den Verheerungen, die Hochwasser, Murgänge, Lawinen und Felsstürze in den Bergtälern ausübten. Viele Katastrophen der letzten Jahrhunderte sind nur bruchstückhaft überliefert, einige Ereignisse blieben jedoch aufgrund der außergewöhnlichen Zerstörung oder hohen Zahl an Todesopfern in nachhaltiger Erinnerung.

Votivbild über die Lawinenabgänge in der Wiestallawine: **1456, 1689 (Gemeinde Bichlbach)**
(Quelle: die.wildbach)

### Hochwasser im Bretterwandbach 1347
Der Ort Matrei in Osttirol wurde bereits 1347 von einem verheerenden Hochwasser aus dem Bretterwandbach fast völlig zerstört. Auch in den folgenden Jahrhunderten wurde der Ort von Hochwasser und Muren wiederholt verwüstet, insgesamt 27-mal im Laufe der Geschichte.

### Murgang im Rastötzenbach 1569
Der Gasteiner Chronik ist zu entnehmen, dass am 14. Juni 1569 zwischen 3 und 4 Uhr nachmittags ein Unwetter einen verheerenden Murgang im „Kirchpach in der Rastözen" auslöste, welcher im Markt Hofgastein 52 Häuser samt Mühlen, Schmieden und Badstuben zerstörte. 147 Menschen fanden durch diese Flut den Tod.

### Lawinenwinter 1689
Die Lawinenkatastrophe 1689 wird als die größte zivile Lawinenkatastrophe der Alpen genannt. Bei Lawinenabgängen in Tirol und Vorarlberg waren 256 Tote zu beklagen. Die Lawinenabgänge dieses Katastrophenwinters forderten allein im Montafon 120 Todesopfer,

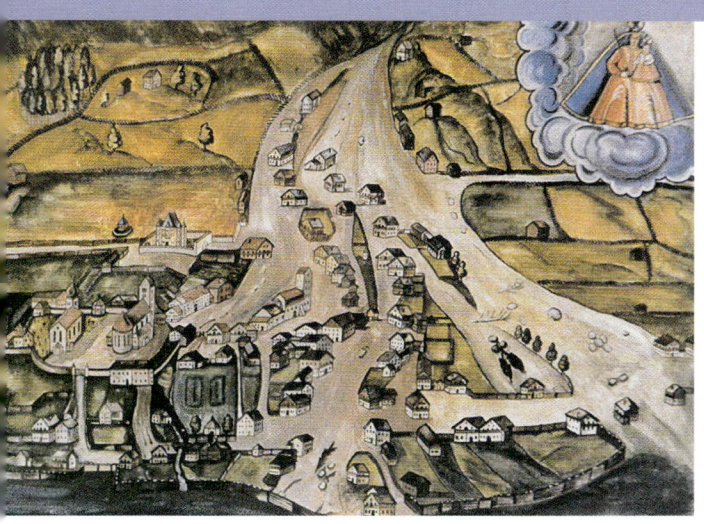

**Votivbild: Zerstörung der Gemeinde Zell am See** durch den Schmittenbach (1737)
(Quelle: die.wildbach)

**Schesatobel: Bruchkessel und Vermurung des Illtales**
(Quelle: die.wildbach)

119 Häuser wurden zerstört. In der Gemeinde Bichlbach (Tirol) zerstörte eine Staublawine (Wiestallawine) die Kirche und 11 Häuser, 46 Menschen wurden verschüttet, 21 davon starben.

> „Gott der Allmächtige hat am zweyten, dritten und vierten Tag Februar 1689 einen so großen Schnee fallen lassen, dass in unserem Tal Muntafon viele Menschen und Vieh durch die herabfallende Lawine neben viel Häuser, Ställ, Speicher, Bäume und andere Gemächer zugrund gegangen sind. Auch viele Güter grausam verderbt geworden." (Abschrift aus einer Vorarlberger Chronik des Lawinenwinters 1689)

## Hochwasser im Schmittenbach 1737

Am 3. Juli 1737 wurde Zell am See von der bis dahin größten Katastrophe heimgesucht. Riesige Schottermassen drangen in den Ort ein, begruben Menschen, Tiere und Häuser unter sich und zerstörten einen Großteil des Ortes.

## Entstehung des Schesatobels seit 1796

Als Beginn der Entstehungsgeschichte des Schesatobels bei Bludenz, des größten Bruchkessels der Alpen, kann das Jahr 1796 genannt werden, als durch Schlägerungsarbeiten eine Runse entstand. 1823 ereignete sich ein Murstoß, der das ganze 80 ha große Gebiet von Außerfeld einschließlich eines großen Bauernhofes übermurte. 1885 wurde sogar das Flussbett der Ill von den Murmassen der Schesa abgeriegelt, was in der Folge zu großflächigen Überschwemmungen durch die Ill führte. (Mehr zum Phänomen „Schesa" siehe Seite 86–87.)

## Hochwasserkatastrophe 1851 in Kärnten

Im Spätherbst dieses Jahres ereigneten sich in ganz Oberkärnten zahlreiche Erdrutsche und Vermurungen durch Wildbäche. Der Markt Greifenburg wurde durch insgesamt 200.000 m³ Geschiebe verwüstet. Das Hochwasser der Drau wurde bis Lavamünd als „Jahrhundert-Ereignis" bewertet.

> „Als der Tag des 2. November da war, war auch unser Unglück vollendet. Vom oberen Thorwege herab brausten den abschüßigen Marktplatz entlang braune Wogen, ihren Gischt bis in die ersten Stockwerke speiend, und donnernde Blöcke rollten durch den unteren Bogen ... hinaus, ihr Verderben über die unterliegenden Felder ausströmend! ... so erfolgte nun allmählig der gänzliche oder theilweise Einsturz der Häuser, eines nach dem andern, mit Ausnahme weniger." – Zitat aus „Klagenfurter Zeitung", datiert mit „Greifenburg, 6. November 1851"

# Historische Sturzereignisse vor 1882

## Die Bergstürze des Dobratsch (Kärnten) und der Felssturz am Mönchsberg (Salzburg)

In historischer Zeit fanden viele Berg- und Felssturzereignisse statt. Aufgrund der verheerenden Folgen sind jene vom Dobratsch und Mönchsberg in historischen Quellen recht gut dokumentiert.

**Dobratsch-Bergsturz**
- Datum: 25. Jänner 1348
- Evakuierungen: Mehrere Siedlungen von Überflutung betroffen
- Schäden: Vegetation, Wege und Straßen

### Die Dobratsch-Bergstürze

Am 25. Jänner 1348 wurden am Dobratsch (Villacher Alpe) durch ein Erdbeben Bergstürze ausgelöst. Unter den Schuttmassen wurde das Flussbett der Gail begraben, so dass sich ein See aufstaute.

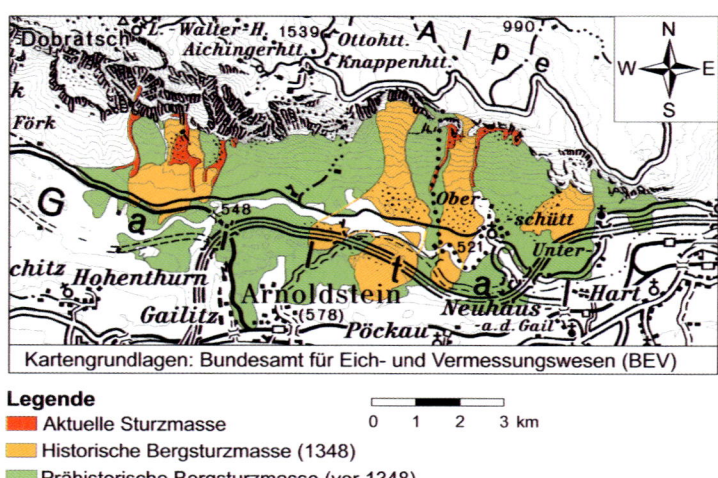

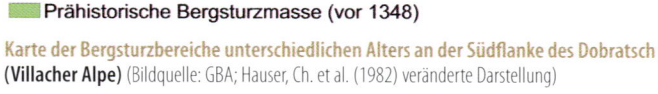

**Der Südabhang des Dobratsch** (Quelle: GBA)

Dieser bis zu 13 Kilometer lange und mehr als 15 Meter tiefe Bergsturzsee brach sich später einen neuen Lauf durch die Sturzmassen, was talabwärts flutartige Überschwemmungen verursachte.

Bereits im Mittelalter war dieser Bergsturz immer wieder thematisiert worden. So tauchte die Sage auf, dass der Bergsturz vom Dobratsch mehrere Dörfer, Schlösser und Kirchen unter sich begraben hätte. Heute ist bekannt, dass dieser in ein unbesiedeltes Gebiet erfolgte. Allerdings mussten zwei Dörfer wegen der Überflutung, die durch den Rückstau der Gail verursacht wurde, aufgegeben werden.

Anfang des letzten Jahrhunderts konnte aufgezeigt werden, dass der größte Teil des heute im Tal liegenden Bergsturzmaterials gar nicht vom Bergsturz von

**Karte der Bergsturzbereiche unterschiedlichen Alters an der Südflanke des Dobratsch (Villacher Alpe)** (Bildquelle: GBA; Hauser, Ch. et al. (1982) veränderte Darstellung)

Legende:
- Aktuelle Sturzmasse
- Historische Bergsturzmasse (1348)
- Prähistorische Bergsturzmasse (vor 1348)

1348, sondern von mehreren älteren prähistorischen Bergsturzereignissen herrührt. Prähistorische und historische Abrissnarben sind auch heute noch gut voneinander zu unterscheiden. So sind die alten Abrisse bereits grau verwittert, die Jüngeren noch frisch und rötlich gefärbt. Alle Bergstürze des Dobratsch zusammen führten zu einer beeindruckenden Bergsturzlandschaft, die bereits im Jahre 1942 auf einer Fläche von 1.900 Hektar unter Naturschutz gestellt worden ist.

### Der Mönchsberg-Bergsturz

Am 16. Juli 1669 ereignete sich am Mönchsberg in Salzburg ein Felssturz, durch den ein Kloster, die Kirche St. Markus, die Kapelle am Berge, 13 Häuser und etwa 220 Menschen verschüttet wurden. Etwas später lösten sich abermals etwa 400 m³ Fels, durch die 30 weitere Menschen erschlagen wurden, welche zur Rettung herbeigeeilt waren. Als Ursache dieses Unglücks gilt die unkoordinierte Aushöhlung des Bergfußes durch in den Berg gehauene Keller und Gewölbe. Angeblich war der Schuttberg so hoch, dass darauf der Mönchsberg erklommen hätte werden können.

### Die Bergputzer

Bereits 1574 wurden am Mönchsberg Bergputzer eingesetzt, um die schroffen Felsen ab und zu von losem Gestein zu befreien. Seit 1778, nachdem im Lungau ein halbes Dorf durch einen Felssturz verschüttet worden war, wurden alle Felshänge in Salzburg jährlich in Augenschein genommen. Deshalb konnte bereits 1779 über der Linzergasse eine 200 Zentner schwere lose Felspartie entdeckt werden, die anschließend gezielt und sicher zu Fall gebracht wurde. Mittlerweile werden jedes Jahr etwa 300.000 m² Felsfläche durch Bergputzer überprüft.

*Der Mönchsberg in Salzburg* (Foto: die.wildbach)

*Ausschnitt eines Kupferstichs* **mit dargestelltem Felssturz von 1669** (Quelle: Bibliothek des Salzburg Museums)

**Mönchsberg-Felssturz**
- Datum: 16. Juli 1669
- Schäden: 1 Kloster, 1 Kirche, 1 Kapelle, 13 Häuser
- Tote: 250

# Hochwasser 1882 in Kärnten und Tirol

Eine Naturkatastrophe als Geburtsstunde des Forsttechnischen Dienstes für Wildbach- und Lawinenverbauung

**Klausenkofelbach im Mölltal (Kärnten):** Bruchkessel im oberen Einzugsgebiet
(Aufnahme: Ferdinand Ritter von Staudenheim, 1886) (Quelle: die.wildbach)

- Hochwasser- und Murkatastrophe im September und Oktober 1882
- Schadenssumme: 30 Mio. Gulden (umgerechnet nach heutigem Wert: 1,5 Mrd. Euro)
- 5-monatige Unterbrechung der Südbahn im Pustertal (Südtirol)
- Der Klausenkofelbach verwüstet das Mölltal
- Hochwasser auslösend für die Gründung des Forsttechnischen Dienstes für Wildbach- und Lawinenverbauung in Österreich

Der Sommer des Jahres 1882 war sehr niederschlagsreich. Im September gab es wieder einen mehrtägigen Regen mit Schneefall auf den Bergen. Danach folgte am 16. und 17. September ein Einbruch feuchter Warmluft aus dem Mittelmeerraum, der im Bereich der Südostalpen wolkenbruchartige Regenschauer verursachte, denen immer wieder Dauerregen folgte. Die Kombination aus Starkregen, Schneeschmelze und dem wassergesättigten Boden führte in Südtirol und Kärnten zum großräumigen Auftreten von Hangrutschen und Murgängen in den Wildbacheinzugsgebieten. Auch die Flüsse führten Hochwasser, die große Schäden nach sich zogen.

### Zweite Hochwasserwelle im Oktober

Die Behebung der ärgsten Schäden des September-Hochwassers waren noch in vollem Gange, als nach kurzer Beruhigung der Lage zwischen 26. und 29. Oktober 1882 erneut Starkregen mit Gewittern niedergingen, die in Südtirol, insbesondere aber in Kärnten weitere Rutschungen und kurz andauernde Hochwässer mit starker Geschiebeführung bewirkten. Viele der provisorischen Sanierungsmaßnahmen fielen den Fluten zum Opfer. Neuerlich wurden den Siedlungen und der Landschaft Wunden geschlagen.

### Die Folgen der Katastrophe

Die Folgen der Ereignisse 1882 in Südtirol und Kärnten waren katastrophal: Zahlreiche Todesopfer, Zerstörung oder Beschädigung ganzer Ortschaften und zahlreicher Gebäude, großflächige Flurschäden, Vernichtung fast aller Brücken, lang andauernde Unterbrechung der Verkehrsverbindungen. Die Aufnahme der Schäden ergab für Südtirol und Kärnten einen Gesamtbetrag von rund 30 Millionen Gulden. Reduziert auf das heutige Staatsgebiet von Österreich (Osttirol und Kärnten) erreichte die Schadenssumme den Wert von 6 Millionen Gulden, was nach heutigen Baupreisen rund 300 Millionen Euro entspricht. Diese Katastrophe erschütterte das ganze Land und zwang die Regierung und Politiker, Maßnahmen zur Schadensbehebung und zur Vorbeugung gegen künftige Katastrophen in die Wege zu leiten.

### Geburtsstunde des Forsttechnischen Diensts für Wildbach- und Lawinenverbauung

Die Hochwasserkatastrophen 1882 waren Anlass dafür, in Österreich – so wie dies bereits in Frankreich und in der Schweiz erfolgt war – ein Gesetz für die Verbauung der Wildbäche auszuarbeiten und die notwendigen Finanzmittel zur Verfügung zu stellen. Das Gesetz „betreffend die Verkehrungen zur unschädlichen Ableitung von Gebirgswässern" RGBl. Nr. 117 trat am 30. Juni 1884 in Kraft. Gleichzeitig wurde als Grundlage für die Finanzierung der Wasserschutzbauten das Meliorationsfondsgesetz verabschiedet. Für die Durchführung der Arbeiten wurde zur gleichen Zeit der staatliche Wildbachverbauungsdienst als „Forsttechnische Abteilung für Wildbachverbauungen" des k. k. Ackerbauministeriums gegründet.

Vorbild für diese Schritte war die Entwicklung des „Forstlichen Systems der Wildbachverbauung" in Frankreich, welches den Schwerpunkt in der Konsolidierung der Oberläufe der Wildbäche und der Wiederbewaldung der Einzugsgebiete setzte. Diese Ideen verbanden sich mit dem in Tirol entwickelten Prinzip der Gewässerkorrektion, welches auf den Bau von Sperren am Grabenausgang zum Rückhalt des Geschiebes setzte, zu dem – dem Grundsatz nach noch heute gültigen – System der Wildbachverbauung in Österreich.

### Erste Bewährungsprobe Klausenkofelbach

Die hier gezeigten Abbildungen sind Originalfotos aus dem Jahre 1886, welche den Klausenkofelbach und dessen Verwüstungen im Mölltal nach den Katastrophen des Jahres 1882 darstellen. Der Bruchkessel im oberen Einzugsgebiet hatte sich seit dem Jahre 1827 durch zunehmende Abrutschungen aus kleinen Anfängen auf eine Gesamtfläche von 34 ha erweitert. Das Hochwasser 1882 lagerte mehrere Millionen Kubikmeter Schotter am Talboden ab und machte die Verkehrswege im Mölltal über längere Zeit unpassierbar.

Der Bruchkessel konnte durch die Arbeiten der Wildbachverbauung in den Jahren bis 1893 (Sperreneinbauten, Entwässerungen und Aufforstungen) beruhigt werden und weist heute größtenteils eine Waldvegetation auf. Somit stellt der Klausenkofelbach eine der ersten Bewährungsproben und nachhaltigen Erfolge des Forsttechnischen Diensts für Wildbach- und Lawinenverbauung dar.

**Vermurter Schwemmkegel des Klausenkofelbaches und das flussabwärts verwüstete Mölltal** (oben links; Aufnahme: Ferdinand Ritter von Staudenheim, 1886)
(Quelle: die.wildbach)

**Aufstau der Möll durch den aufgeschütteten Schwemmkegel des Klausenkofelbaches** (oben rechts; Aufnahme: Ferdinand Ritter von Staudenheim, 1886)
(Quelle: die.wildbach)

# Wildbach-Katastrophen 1895–1910

## Übernutzung der Wälder und Schneeschmelze führen zu katastrophalen Hochwasserereignissen

- Übernutzung der Wälder für Bergbau und Industrie erhöht das Hochwasserrisiko
- Extreme Niederschläge im Salzkammergut (Langbathbach/Ebensee): 403,2 mm in fünf Tagen (1897), 372,9 mm in 40 Stunden (1899)
- Starkregen in Kombination mit Schneeschmelze löst verheerende Hochwasserereignisse in der Steiermark aus (1907)
- Vermurung von Vandans (1910): 1,7 Mio. m³ Schotter abgelagert

In der Zeit um die Jahrhundertwende, unmittelbar nach Gründung des Forsttechnischen Dienstes für Wildbach- und Lawinenverbauung, wurden in vielen Teilen Österreichs umfangreiche Schutzmaßnahmen gesetzt, um die Wildbachgefahren einzudämmen. Zahlreiche Hochwasserkatastrophen erzwangen jedoch immer wieder eine Erweiterung des Tätigkeitsgebietes. Die Wildbach-Katastrophen des späten 19. und frühen 20. Jahrhunderts standen im Zusammenhang mit der starken Übernutzung der Waldbestände aufgrund des großen Holzbedarfs der Salinen und der Erzverhüttung. Eine der wichtigsten Aufgaben dieser Zeit war daher die Wiederherstellung der Schutzfunktion der Wälder in den Wildbacheinzugsgebieten.

**Extreme Schotterablagerung** durch den Langbathbach 1899 im Zentrum von **Ebensee** (Quelle: die.wildbach)

### Hochwasserkatastrophen im Langbathbach 1897 und 1899

In den Jahren 1897 und 1899 wurde die Gemeinde Ebensee (Oberösterreich) in kurzer Folge von zwei katastrophalen Hochwasserereignissen heimgesucht. Auslösend für das erste Hochwasser 1897 waren wolkenbruchartige Niederschläge in den letzten Julitagen. Dieses Extremereignis führte zu Überschwemmungen, Vermurungen und Zerstörungen in einem bis dahin in Ebensee nie da gewesenen Ausmaß. Das Hochwasser von 1899 übertraf jedoch jenes von 1897 sowohl was Wasserstand als auch was die Verheerungen betrifft, bei Weitem. Durch die extreme Geschiebeaufschotterung brach der Bach rechts- und linksufrig aus und verschüttete zahlreiche Häuser bis zum Dach. Fünf Wohnhäuser wurden von den Fluten weggerissen, neun mussten infolge der schweren Beschädigungen abgetragen werden. Die Saline war gezwungen, ihren Betrieb einzustellen.

### Schneeschmelzkatastrophen 1907: Teichenbach und Triebenbach

Nach einem langen Winter traten in der Obersteiermark 1907 katastrophale Schneeschmelzhochwässer auf. Besonders verheerend waren die Überflutungen im Triebenbach (Trieben) und Teichenbach (Kalwang).

Am 9. und 10. Mai überschwemmte die Teichen den ganzen Ort Kalwang. Heiße Tage kurz nach der kalten Witterung hatten ungeheure Schneemassen, die sich bis Ende April im Gebirge angesammelt hatten, zu ra-

„Eine furchtbare Wasserkatastrophe hat das Land Vorarlberg am 14. und 15. Juni 1910 in nie dagewesener Weise heimgesucht. Blühende Dörfer und Landschaften wurden überschwemmt, die Ernte vernichtet, die Bevölkerung vielfach vor den Ruin gestellt … Am Ausgang des Rellstales ergoß er sich nach allen Seiten, haushoch und noch mehr, Steine, Schutt, Sand und Holz aufhäufend."
(aus „Katholischer Volks-Kalender für das gemeine Jahr nach der gnadenreichen Geburt unseres Heilandes Jesu Christi 1911", herausgegeben vom christlich-sozialen Volksverein für das Land Vorarlberg; 17. Jg., Feldkirch, Kommissionsverlag von Franz Unterberger")

**Vermurung am Schwemmkegel** des Rellsbaches
(Quelle: die.wildbach)

**Eingemurte Häuser in Vandans (1910)**
(Quelle: die.wildbach)

schem Schmelzen gebracht. Die Wassermassen hatten die Brücke im oberen Ort weggerissen und ergossen sich durch den Siedlungsraum. Es dauerte mehrere Tage, bis das Wasser wieder zurückging. Bis zu einer Höhe von 1,5 Metern lag überall Schutt und Geröll. Zum Schuttaufräumen wurden 100 Sträflinge aus Graz eingesetzt, die bis 31. Oktober zu arbeiten hatten, um den ärgsten Schutt wegzuräumen. Auch die Hochwasserkatastrophe im Triebenbach führte zur Vermurung des gesamten Ortszentrums von Trieben.

### Verheerung von Vandans durch den Rellsbach (14. und 15. Juni 1910)

Extreme Niederschläge (220 mm in zwei Tagen) in Kombination mit der gleichzeitig einsetzenden Schneeschmelze löste für Vandans (Vorarlberg) katastrophale Hochwasserwellen aus den Einzugsgebieten des Rellsbaches und Auenlatschbaches aus. Die Fluten transportierten ungeheure Schottermassen in den Siedlungsraum. 31 Häuser und Ställe stürzten ein, 84 Gebäude wurden schwer beschädigt oder vermurt. Von Jetzmund am äußeren Bartholomäberg aus gesehen, bot sich Vandans als ein fast geschlossenes Schuttfeld dar: Innerhalb weniger Stunden wurde eine Fläche von 103 ha vermurt. Die Mächtigkeit der Schotterdecke betrug im oberen Teile 12 m! Sogar die Absiedelung des Ortes stand zur Diskussion.

# Lawinengefahr für die Eisenbahn

Katastrophenereignisse von Beginn des Bahnbaus bis zum Lawinenwinter 1924

Der Bau von Eisenbahnstrecken gewann am Ende des 19. Jahrhunderts immer mehr an Bedeutung. Zu dieser Zeit hatten die Eisenbahnen eine wesentliche militärische Bedeutung und verbanden alle wichtigen Punkte der Donaumonarchie. Eine der größten Herausforderungen beim Bau der Eisenbahnstrecken war die Querung der Alpen sowohl in Nord-Süd- als auch in Ost-West-Richtung. Die gängigste Methode war das Anlegen von Scheiteltunnels, welche über Rampen erreicht wurden. Die Rampen wurden so gelegt, dass eine maximal mögliche Steigung von 30 ‰ nicht überschritten wurde. Daher mussten in kühner Trassenführung steile Bergflanken angeschnitten, Wildbäche gekreuzt und Lawinenstriche durchfahren werden. Die damals angelegten Gebirgsstrecken werden allesamt heute noch genutzt.

- 1888: Bahnhofgebäude in Langen am Arlberg verschüttet, 3 Todesopfer
- 1909: 26 Arbeiter durch Staublawine im Anlauftal (Gastein) getötet
- 1924: Die Tamischbachtum-Lawine verschüttet die Enns und den Bahnhof Hieflau 15 m hoch

### Die Arlbergbahn

Die Strecke von Innsbruck nach Bludenz wurde am 20. September 1884 in Anwesenheit des Kaisers Franz Joseph I. feierlich eröffnet. Schon beim Bau der Strecke gab es Lawinen-, Steinschlag- und Wildbachereignisse. Nach der Fertigstellung der Arlbergbahn lag erstmals ein österreichischer Hauptverkehrsträger in einem extrem lawinengefährdeten Gebiet. Die Eisenbahningenieure sahen sich daher schon früh mit dem Problem des Schutzes der Bahnanlagen vor Lawinen konfrontiert. So entstanden am Arlberg die ersten Lawinenverbauungen in den Anbruchgebieten zum Schutz der Eisenbahnstrecke. Erst im Schutz dieser technischen Maßnahmen war eine Besiedelung des Vorarlberger Klostertals überhaupt möglich.

Erste Lawinenanbruchverbauungen in Österreich zum Schutz der Eisenbahnstrecke über den Arlberg (Quelle: ÖBB).

Die seit 1884 geführte Lawinenchronik weist darauf hin, dass es schon damals eine Art Lawinenkommission oder zumindest einen verantwortlichen Bahnbediensteten für Lawinen gegeben haben musste. Dem war tatsächlich so: Herr Peter Marent wurde im Jahr 1887 zum ersten Lehnenbahnmeister bestellt und war damit der erste „Lawinenexperte" der Österreichischen Bahn. Dieser führte von Beginn an eine Beurteilung der Lawinengefahren anhand fixer Messstellen und aufgrund örtlicher Erfahrungen durch.

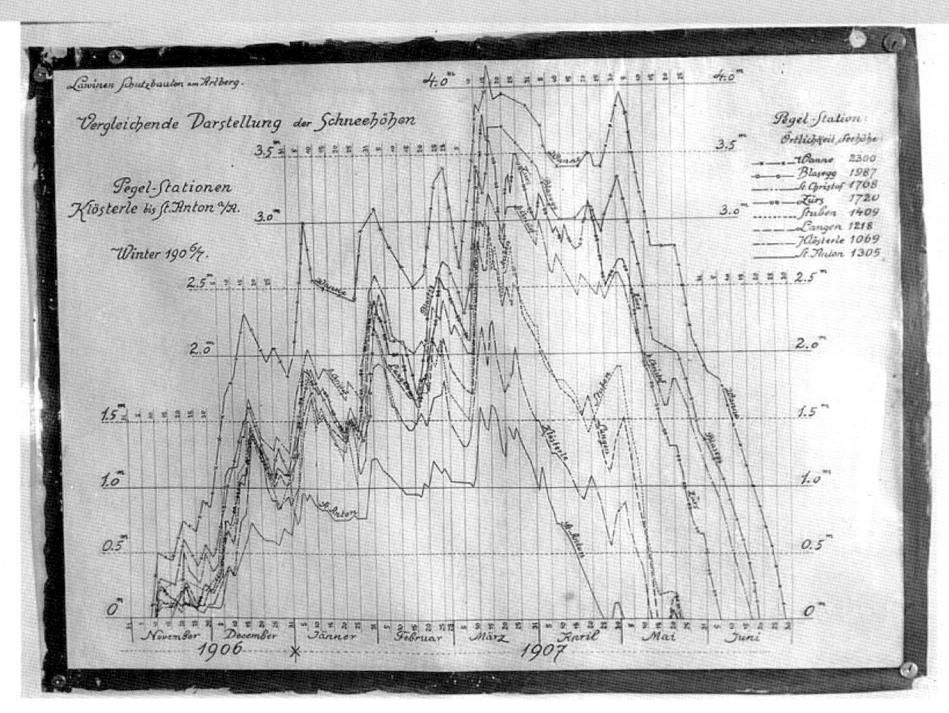

### Arlbergbahn

„Nachts Streckensperre wegen Lawinengefahr. Abgang mehrerer Lawinen bis zum Gleiskörper. Strecke an einigen Stellen verschüttet. Abgang der Längentobellawine, welche das Wächterhaus 77 ins Tal warf – 2 Todesopfer. Benediktentobellawine verschüttet das Bahnhofsgebäude in Langen bis zum 1. Stock. Spreubachlawine verschüttet die Bahn 4–5 Meter hoch, reißt die Brücke ca. 500 Meter ins Tal. 1 Bediensteter kam ums Leben." (Erstes in der Chronik der Arlbergbahn erfasstes Lawinenereignis datiert mit 8. und 9. September 1888).

Darstellung der Schneehöhen entlang der Arlbergstrecke für den Winter 1906/07
(Bild oben links, Quelle: ÖBB)

Freilegung der von der Tamischbachturm-Lawine am 24. Februar 1924 verschütteten Lokomotive
(Bild oben rechts, Quelle: ÖBB)

### Die Tauernbahn

Am 7. März 2009 jährte sich zum 100. Mal das größte Lawinenunglück in der Geschichte der österreichischen Eisenbahn. In Böckstein, am Nordportal des Tauerntunnels nahe Bad Gastein, wurden im Jahre 1909 gerade die letzten Arbeiten vor der Eröffnung der für die damalige Monarchie äußerst wichtigen Nord-Süd-verbindung zwischen Schwarzach/St. Veit und Spittal/Drau fertiggestellt. Arbeiter waren mit der Pflasterung des Anlaufbachbettes unterhalb der Eisenbahnbrücke beschäftigt, als eine gewaltige Lawine vom Thomaseck die Baustelle mit voller Wucht traf und 26 Todesopfer forderte. In der näheren Umgebung beschäftigte Bauarbeiter und Mitglieder der Feuerwehr Böckstein (insgesamt ca. 250 Mann) suchten sofort die Unglücksstelle ab und konnten wie durch ein Wunder 12 Arbeiter lebend bergen. Den Opfern dieser Lawinenkatastrophe ist ein Denkmal an der alten Anlauftal-Eisenbahnbrücke gewidmet. Das Ereignis war Anlass für umfangreiche Lawinenschutzmaßnahmen im Bereich des Bahnhofes Böckstein in den folgenden Jahrzehnten.

### Die Gesäusebahn

Die Eisenbahnstrecke im steirischen „Gesäuse", einem imposanten Taldurchbruch der Enns zwischen Admont und Hieflau, wurde im Jahr 1872 eröffnet und hatte anfänglich hauptsächlich Bedeutung für den Güterverkehr. Der steirische Erzberg, eine wichtige Rohstoffquelle für die Eisenproduktion, wurde in Richtung Norden erschlossen. Die Strecke entlang der Enns war von Anfang an von Naturgefahren wie Hochwasser, Steinschlag, Muren und Lawinen betroffen. Die Ereignisse sind in einer sorgsam geführten Chronik dokumentiert. Bereits in den Jahren 1888, 1892 und 1905 kam es zu schwerwiegenden Streckenunterbrechungen durch Lawinen. Die größte Lawinenkatastrophe ereignete sich jedoch im schneereichen Winter 1924, am 24. Februar.

▶ Der Chronist Albert Ernest schreibt dazu Folgendes:
▶ *„Ein Verschubzug wurde von einer riesigen Lawine verschüttet, dabei fanden vier Eisenbahner den Tod. Die Bahn wurde auf einer Länge von 361 Metern und einer maximalen Höhe von 14,70 Metern verlegt. Die Bahnstrecke war vollkommen verdeckt. Die Enns wurde stundenlang durch den Lawinenschnee aufgestaut, bis sie die Schneemassen durchbrach und sich der Abfluss normalisierte. Die Lage des verschütteten Zuges war vorerst unklar. Durch allmählich aufsteigenden Rauch aus der Lokomotive wurde die Verschüttungsstelle erkannt."* – Vier Eisenbahnbedienstete konnten nur noch tot geborgen werden.

# Lawinenkatastrophen 1951 und 1954

## Zwei extreme Lawinenwinter fordern in kurzer Folge zahlreiche Todesopfer

### Der „Weiße Tod"

Lawinen treten in den Alpen fast jeden Winter auf. Die Sturzbahnen und die Reichweite der Lawinen sind den Bewohnern der Bergtäler seit Jahrhunderten bekannt, so dass sie ihren Siedlungsraum an diese Gefahren angepasst haben. Lawinenereignisse haben außerdem in der Regel eine lokal begrenzte Schadenswirkung. Nur selten erreichen Lawinen ein Ausmaß, welches das Vorstellungsvermögen der Betroffenen übersteigt. Dann schlägt der „Weiße Tod" jedoch mit zerstörerischer und totbringender Gewalt zu. Besonders dramatisch sind Winter, in denen zahlreiche Täler gleichzeitig von Lawinenkatastrophen betroffen sind. Man spricht von „Lawinenwintern". Diese Situation trat in Österreich in kurzer Abfolge in den Wintern 1950/51 und 1953/54 ein. Diese Katastrophen stellten eine Zäsur für den österreichischen Lawinenschutz dar.

### Lawinenwinter 1950/51

Der Lawinenwinter 1950/51 führte im gesamten Alpenraum zu zahlreichen Katastrophen. Neben Österreich wurden besonders die Schweiz, Italien und die slowenischen Alpen von schweren Lawinenkatastrophen heimgesucht.

Ausgelöst durch ein gewaltiges Tief, dessen Wirkungsfeld sich im Jänner 1951 über eine Breite von bis zu 150 km über die gesamte Alpenkette – vom Schweizer Wallis bis zu den Niederen Tauern in Österreich – erstreckte, kam es binnen kurzer Zeit zu außerordentlich hohen Niederschlägen. Im Ostalpenraum verfrachteten Stürme gewaltige Schneemassen und führten zu Schneeakkumulationen ungeahnten Ausmaßes. Dazu gesellte sich am 19. und 20. Jänner eine auffallend starke Erwärmung, wodurch der Schneefall bis 2.000 m ü. A. in Regen überging. Dadurch folgten auf die in der ersten Phase abgegangenen Lockerschneelawinen verheerende Grundlawinen aus der Nassschneedecke.

In Österreich, das mit 135 Toten die höchste Opferzahl zu beklagen hatte, wurden besonders die Bundesländer Tirol, Kärnten und Salzburg von Katastrophen-

▶ Schwerste zivile Lawinenkatastrophen in Österreich seit 1689
▶ Lawinenwinter 1951: 135 Todesopfer, 200 Gebäude zerstört
▶ Lawinenwinter 1954: 143 Todesopfer, ca. 500 Gebäude zerstört
▶ Auslöser für die Neuordnung des Lawinenschutzes in Österreich

Heiligenblut 1951: **Anwesen vor und nach der Zerstörung durch die Lawine** (Quelle: die.wildbach)

Großes Walsertal 1954: **Nottransport der Opfer** (Quelle: die.wildbach)

lawinen heimgesucht, während Vorarlberg in diesem Winter weitgehend verschont blieb. Weit über 200 Gebäude wurden beschädigt oder zerstört. Viele Täler waren wochenlang von der Umwelt abgeschnitten und mussten über längere Zeit aus der Luft versorgt werden.

**Lawine Heiligenblut (21. Jänner 1951)**
Nach starken Neuschneefällen (bis zu 130 cm) kam es am 21. Jänner 1951 um 4:20 Uhr zum Abbruch einer Lawine aus dem Gebiet der „Weißen Wand" auf Heiligenblut (Kärnten). Es gerieten ca. 100.000 m³ Schnee in Bewegung und stürzten – den Waldgürtel bei der Großglockner Hochalpenstraße durchschlagend – bis in den Talboden. Die Lawine zerstörte mit ihrem östlichen Arm ein Anwesen, wobei sechs Tote zu beklagen waren. Weitere sechs Personen fanden in der Ortschaft Heiligenblut den Tod, wo verheerende Schäden an 36 Wohn- und Wirtschaftsgebäuden, Straßen und Versorgungsanlagen verursacht wurden.

**Lawinenwinter 1953/54**
Im Gegensatz zu 1951 war vor allem Vorarlberg vom Lawinenwinter 1953/54 betroffen. Die Ursache der Lawinenkatastrophe lag im Zusammenwirken mehrerer ungünstiger Umstände. Anfang Jänner traten innerhalb von 2 bis 3 Tagen Neuschneemengen von 1–1,6 m auf, gleichzeitig kam es zu starken Schneeverfrachtungen und großen Ablagerungen an Leehängen durch stürmische West- und Nordwestwinde. Der Schneefall trat in allen Höhenlagen bei sehr niedrigen Temperaturen auf. Diese bedingten ein vollkommen lockeres Gefüge des Neuschnees.
Am 11. Jänner 1954 wurde Vorarlberg von der folgenschwersten Lawinenkatastrophe seit 1689 heim-

▶ „Fast fehlen einem die Worte, wenn man zu den schweren Ereignissen der letzten Tage in unserem Land Stellung nehmen soll. Nicht bloß seit Menschengedenken, sondern weit zurück in der Geschichte unseres Landes ist keine Lawinenkatastrophe solchen Ausmaßes mit so schrecklichen Folgen in Bezug auf Verluste an Menschenleben und Wohnstätten zu beklagen, wie die am 11. und 12. Jänner dieses Jahres." – Aus dem Aufruf von Landeshauptmann Ilg zur Hilfe für die von der Lawinenkatastrophe 1954 Betroffenen

gesucht. 268 Personen wurden verschüttet, davon konnten 125 nur mehr tot geborgen werden. 491 Objekte wurden zerstört. Neben den Schwerpunkten der Katastrophe in Mellau und Hittisau im Bregenzerwald, in Dalaas im Klostertal und in Bartholomäberg im Montafon wurden im Großen Walsertal die Gemeinden am schwersten getroffen.

Beispielhaft für die zahlreichen Lawinen des Winters 1954 dokumentieren einige ausgewählte Ereignisse die Dramatik dieser Katastrophen:

### Lawinenkatastrophe im Großen Walsertal (11. Jänner 1954)

Im Großen Walsertal in Vorarlberg wurden etwa 50 % der Gesamtfläche der Hänge, auf denen der Hauptteil der Siedlungen liegt, von trockenen Lockerschnee- und Staublawinen unbekannten Ausmaßes überfahren, wobei die Anbruchgebiete sowohl im Freiland als auch im Walde lagen. Insgesamt gingen im 20 km langen Tal 46 Lawinen ab.

Das dramatische Ausmaß der katastrophalen Lawinenniedergänge zeigen folgende Zahlen: 164 Personen wurden verschüttet, davon konnten 83 nur mehr tot geborgen werden, 52 Wohn- und Wirtschaftsgebäude wurden zerstört, 59 beschädigt. Am schwersten

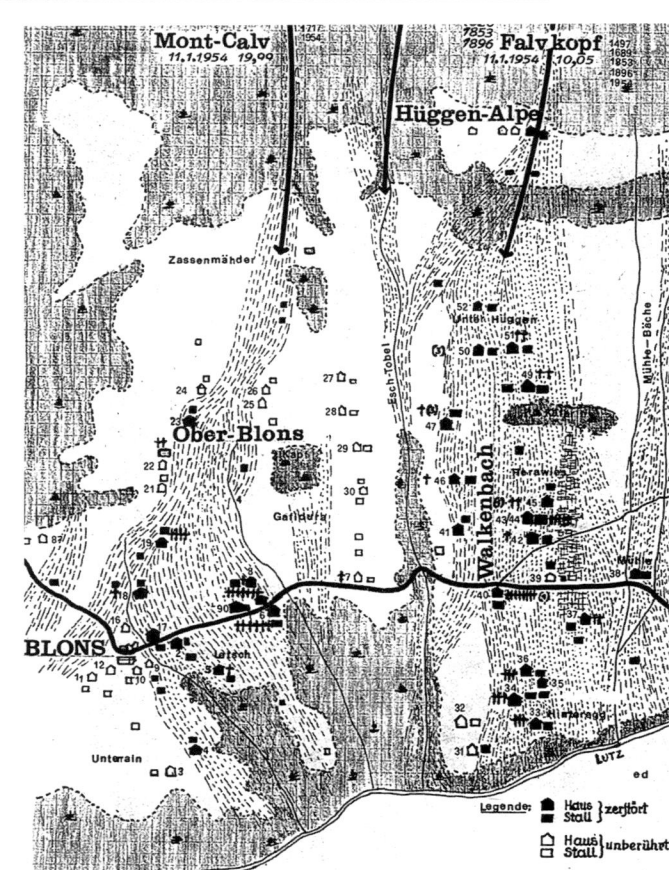

**Dalaas 1954: Zerstörtes Bahnhofsgebäude** (Quelle: ÖBB)

Lawinenkatastrophe von Blons 1954: **Kartendarstellung** (Quelle: die.wildbach)

betroffen war die kleine Gemeinde Blons: Von den 365 Einwohnern wurden 118 von den Lawinen verschüttet, 57 konnten nur mehr tot geborgen werden. Die Hauptschadenslawinen waren die Hüggenlawine (34 Tote) und die Mont-Calf-Lawine (22 Tote).

Die Rettungsaktionen wurden durch die Zerstörung der Telefonverbindung und den Umstand, dass die Landstraße erst nach 14 Tagen wieder befahrbar gemacht werden konnte, erheblich erschwert. Vom 10.–13. Jänner 1954 waren die Bewohner des Tales völlig sich selbst überlassen und konnten von der Außenwelt keine Hilfe erwarten. Am 13. Jänner setzte dann eine groß angelegte Rettungsaktion ein, an der sich erstmalig auch Hubschrauber (Schweizer Rettungs-

**Blons 1954: Zerstörtes Haus**
(Quelle: die.wildbach)

**Blons 1954: Suche nach Verschütteten**
(Quelle: die.wildbach)

flugwacht und amerikanische Armee) beteiligten.

## Lawinen an der Arlbergbahn 1954

Der Winter 1953/54 brachte die folgenschwersten Lawinenereignisse an der Arlbergbahn seit ihrem Bestehen. Nach vier Tagen mit starken Schneefällen ereigneten sich in der Nacht von 11. auf 12. Jänner 1954 auf der Westrampe zahlreiche Lawinenabgänge (ca. 75). Bereits am Nachmittag des 11. Jänner 1954 musste nach Abgehen mehrerer Lawinen auf den Bahnkörper der Zugverkehr gesperrt werden.

**Gerettet von der Lawinenkatastrophe**
(Quelle: die.wildbach)

Das schwerste Lawinenereignis ereignete sich im Bahnhof Dalaas. Die am 12. Jänner 1954 um 0:26 Uhr niedergehende Lawine traf mit voller Wucht auf den Eilzug E 632 nach Wien, der durch die Sperre im Bahnhof Dalaas festgehalten worden war. Die schwere E-Lokomotive wurde an das Bahnhofsgebäude geschleudert. Im Weiterfahren zerstörte die Lawine das halbe Bahnhofsgebäude und beschädigte das Gasthaus Paradies schwer, in dem zahlreiche Reisende des E 632 genächtigt hatten. Im Bahnhofsgebäude wurden durch die Lawine 5 Bahnbedienstete sowie 3 Angehörige und 3 Reisende getötet. Die im Zug verbliebenen Reisenden sowie die Leute, die sich im Gasthaus Paradies aufhielten, kamen mit Verletzungen oder dem Schrecken davon.

## Konsequenzen für den Lawinenschutz

Als Folge der Katastrophenereignisse in den Wintern 1950/51 und 1953/54 kam es einerseits zu einem massiven Ausbau von Lawinenverbauungen (Untersuchungen in der Schweiz hatten die Wirksamkeit der bereits bestehenden Verbauungen gezeigt), andererseits zum Aufbau von Lawinenwarndiensten in Österreich (Vorarlberg 1953, Kärnten 1956, Tirol 1960, Salzburg 1965) und Einführung des Lawinenkatasters. Die Analyse der Lawinenkatastrophe von Blons war schließlich auch die Grundlage für die Entwicklung der Methoden zur Lawinenberechnung (Voellmy). Damit lösten die Lawinenkatastrophen 1951 und 1954 wichtige Entwicklungen für den Lawinenschutz in Österreich aus.

▶ „Bar jeder Ausrüstung, vom beißenden Schneesturm gepeinigt, konnte sich die Hilfeleistung nur auf die Bergung der wenig Verschütteten beschränken, man musste abbrechen – zurück blieben im Ungewissen Lebende und Tote. So hatte sich die Zahl wieder vermehrt, die Hilflosigkeit der wenig Übriggebliebenen steigerte sich ins Unerträgliche. Es kam die längste Nacht!" – Aus Eugen Dobler „Wie wir die Lawinenkatastrophe überlebten und erlebten" (11. Jänner 1954 in Blons)

# Naturkatastrophen von 1958 und 1959

in Steiermark, Kärnten und Oberösterreich

In den Jahren 1958 und 1959 traten in Zentralösterreich (Steiermark, Kärnten, Oberösterreich) Überflutungs- und Vermurungskatastrophen auf, die hinsichtlich des Ablaufs und des Schadensumfangs an die Hochwasserverheerungen der 80er Jahre des 19. Jahrhunderts heranreichten, welche Anlass für die Gründung des Forsttechnischen Diensts für Wildbach- und Lawinenverbauung gewesen waren. Schwerpunkte dieser Katastrophen waren das Gebiet der Fischbacher Alpen, die Region Millstättersee – Ossiachersee – Liesertal und das Salzkammergut.

**Wildbachkatastrophen 1958 Steiermark und Kärnten**
- 11 Todesopfer, zahlreiche Gebäude und Straßen zerstört
- Steiermark: 10 Mio. m³ Erd- und Gesteinsmassen abgerutscht; Kärnten: 300.000 m³ Schotter abgelagert
- Steiermark: 22.000 fm Schadholz
- 14,5 Mio. € Schaden

### Hochwasserkatastrophe 1958 in der Region „Fischbacher Alpen"

Das Zusammentreffen einer Kaltfront mit einer Gewitterlage kennzeichnete diese Katastrophe als eines der extremsten Naturereignisse in Österreich seit Beginn der Aufzeichnungen. In der Nacht von 12. auf 13. August 1958 fielen im Gebiet der „Fischbacher Alpen" in der Steiermark (Raum Kapfenberg – Kindberg – Stanz – Breitenau – Mixnitz – Bruck/Mur) auf einer Fläche von 250 km² in 12 Stunden zwischen 400 und 500 mm Niederschlag (300-jährliches Niederschlagsereignis). Dieser Extremniederschlag, verbunden mit einer vorhergehenden, zum Teil sehr intensiven Niederschlagsperiode, war ausschlaggebend für das Abrutschen von nahezu 280 ha Waldbestand sowie für zahlreiche Rutschungen und Hangabbrüche. Das Hochwasser, in Kombination mit den abgerutschten Erd- und Geröllmassen sowie dem Wildholz, hinterließ eine Spur der Verwüstung in der betroffenen Region. Besonders betroffen waren die Wildbäche „Glanzgraben", „Graschitzbach", „Sölsnitzbach", „Jaßnitzbach" und „Gabraunbach" sowie das Stanzer Tal und das Breitenauertal. Die am schwersten in Mitleidenschaft gezogene Gemeinde war Allerheiligen im Mürztal. Kleinere Siedlungen waren über Wochen von der Außenwelt abgeschnitten und mussten mit Tragtierstaffeln und Hubschraubern versorgt werden.

*Teilweise durch den Jasnitzbach zerstörtes Gebäude* (Quelle: die.wildbach)

**Ablagerung großer Wildholzmengen** am Ausgang des Jasnitzgrabens in der Gemeinde Allerheiligen (Bild links; Quelle: die.wildbach)
**Jägermaisrutschung in Kammerl am Attersee** zerstört die Seeleiten-Bundesstraße (Bild unten; Quelle: die.wildbach)

### Wildbachereignisse 1958 in Kärnten

Ende Juli und Anfang August 1958 traten nach Starkniederschlägen auch im Raum Mittel- und Oberkärnten zahlreiche Murenabgänge auf. Besonders verheerend waren die Hochwasserereignisse in den Wildbacheinzugsgebieten im Bereich der Millstätter Alpe, die 300.000 m³ Schotter ablagerten und den Millstättersee mit 1.000 fm Schadholz bedeckten. Die Ereignisse forderten insgesamt 6 Todesopfer und führten zur Zerstörung oder Beschädigung von 83 Häusern. Die Wasserversorgung des Kurortes Millstatt war für längere Zeit unterbrochen.

### Unwetter des Jahres 1959

Von Juni bis August 1959 ereigneten sind in den Nordalpen und im Alpenvorland ungewöhnlich starke Niederschläge und Unwetter, die zu extremen Hochwasserereignissen an den Flüssen Inn, Salzach, Enns, Traisen und Mürz führten. An vielen Orten wurden 100-jährliche Hochwasserabflüsse registriert. Besonders betroffen von den Unwettern war das Hausruckviertel. Die Niederschlagsmengen erreichten bis zu 224 mm in 24 Stunden (Frankenburg). Die extremen Niederschläge lösten im Alpenvorland auch zahlreiche Rutschungen aus.

### Die Jägermaisrutschung am Attersee

Die steilen Hänge am Ostufer des Attersees sind durch das Vorhandensein mächtiger Zementmergel- und Mürbsandsteinschichten (Flyschzone) besonders labil gegenüber geomorphologischen Prozessen, die sich in diesem Bereich vor allem durch das muschelförmige Ausbrechen nach entsprechender Vernässung charakterisieren lassen. Massenbewegungen sind in der Flyschzone zahlreich und erreichen zum Teil enorme Ausmaße, wie die Jägermaisrutschung in der Gemeinde Kammerl am Attersee eindrucksvoll beweist.

Diese – zwischen dem Konsumgraben und Grenzgraben gelegene – Rutschung setzte sich, nach ersten lokalen Bewegungen ab 1953, im Juli und August 1959, verstärkt durch die intensiven Niederschläge, in Bewegung. Auf einer Länge von rund 100 Metern begann der Hang abzureißen, das Erdreich senkte sich bis zu 15 Metern. Anfang August begann der Boden mit rund 6 Metern pro Tag zu wandern. Im Herbst hatte der Erdstrom den Attersee erreicht. Erst im Frühjahr 1960 kehrte wieder Ruhe ein. Rund 300.000 m³ Material wurden in den See verlagert, ein Wohnhaus wurde dabei zerstört. Insgesamt 6-mal musste die – infolge der Rutschung abgesenkte – Seeleiten-Bundesstraße erneuert werden.

▶ „Die Jahre 1958 und 1959 haben jedenfalls gezeigt, wie vielfältig die Entwicklung und der Verlauf der Hochwasserereignisse sein können, wie rasch sich diese bereits innerhalb eines Jahres in denselben Gebieten und Flüssen wiederholen können und wie es immer wieder zu katastrophenartigen Ausbrüchen der Naturelemente kommt." (aus: Güntschl, Hochwasserschutzbauten, Hochwasserschadensfonds, Bundesministerium für Land- und Forstwirtschaft, 1963)

# "Herbst-Katastrophen" 1965 und 1966

## Kärnten und Osttirol innerhalb von 15 Monaten dreimal schwer betroffen

**Vermurung eines Ortsteiles von Döllach im Mölltal (Kärnten) durch einen Bachausbruch des Zirknitzbaches** (Quelle: die.wildbach)

- Extreme 2-Tages-Niederschläge in Südösterreich: Luggau/Gailtal 270 mm (1. und 2. September 1965), Lienz/Osttirol 258 mm (3. und 4. November 1966) (entspricht ca. 20–25 % des Jahresniederschlags)
- Insgesamt 64 Todesopfer, davon 20 Tote in Kärnten durch Murgänge und Hangrutschungen
- Langdauernde Verkehrsunterbrechungen: Osttiroler Bundesstraßen waren nach dem Hochwasser vom September 1965 an 43 Stellen unterbrochen; Verkehr auf der Bahnstrecke Spittal/Drau und Innichen erst im Herbst 1965 wieder möglich (Unterbrechung: 2,5 Monate)

Insgesamt waren die beiden Jahre 1965 und 1966 eher kühl und außerdem reich an starken Niederschlägen: So waren Niederschlagstagessummen zu verzeichnen, die der durchschnittlichen Monatssumme entsprachen, und es traten Niederschlagsmonatssummen auf, die vereinzelt sogar die vierfache durchschnittliche Monatssumme erreichten. Das Abschmelzen kurzzeitiger Schneedecken in den Hochlagen verstärkten die hohen Abflussraten in den Flüssen und Bächen ebenso wie die Wassersättigung der Böden. Dieser Umstand vermehrte auch die Zahl der auftretenden Rutschungen.

Der schneereiche Winter 1964/65 bewirkte zahlreiche, teilweise auch Schaden verursachende Lawinenabgänge. Bereits im April 1965 traten schon die ersten Hochwässer in der Steiermark und in Niederösterreich am östlichen Alpenrand auf. Es folgten im Mai und Juni 1965 Starkniederschläge mit Katastrophenereignissen in den nordalpinen Gebieten von Vorarlberg bis Niederösterreich. Im August 1965 waren infolge des Abschmelzens großer Schneemengen Hochwässer in den hochalpinen Gebieten Österreichs zu verzeichnen.

### Drei Unwetter-Katastrophen in Folge

Alle diese Ereignisse wurden aber durch die Katastrophen in Kärnten und Osttirol übertroffen, wo innerhalb von 15 Monaten insgesamt drei Unwetter-Katastrophen ihre Spuren hinterließen: im September 1965, August 1966 und November 1966.

Auslöser dieser für den Südalpenbereich typischen, großräumigen „Herbst-Katastrophen" war die massive Zufuhr feuchter Warmluft aus dem Süden (November 1966) bzw. das Aufgleiten von feuchter Warmluft aus dem Mittelmeerraum auf die zuvor aus dem Norden eingeströmte Kaltluft (September 1965 und August 1966). Je nach Menge, Dauer und Geschwindigkeit der Zufuhr dieser Luftmassen können sich die aus der feuchten Warmluft entstehenden Niederschlagsmengen bis zu tropischen Ausmaßen steigern. Da die Erhitzung der mediterranen Warmluft im Sommer am größ-

**Vermurung und teilweise Zerstörung der alten Siedlung Putschall am Schwemmkegel des Gradenbaches (Gemeinde Großkirchheim)** (Quelle: die.wildbach)

**Geschiebeeinstoß aus dem Gradenbach: Verwüstung des Schwemmkegels mit der Siedlung Putschall und dem anschließenden Mölltal** (Quelle: die.wildbach)

ten ist, sind im Süden Österreichs die Monate August bis November die für großräumige Katastrophen anfälligsten Monate des Jahres.

## Konsequenzen: Schaffung des Katastrophenfonds

Die drei Katastrophen im Süden Österreichs haben Schäden verursacht, welche die vorangegangenen Katastrophen des Jahres 1965 im übrigen Österreich weit in den Schatten stellten. Sie waren so groß, dass umgehend durch das Katastrophenfondsgesetz 1966 eine auf Dauer gesicherte Basis für die Finanzierung des Schutzwasserbaus und der Wildbach- und Lawinenverbauung in Österreich geschaffen wurde. Die in dieser Zeit geschaffene Finanzierungsgrundlage des Katastrophenfonds besteht bis heute.

▶ „Die Berggrundwässer füllten labile Hänge im Untergrund aus, bewirkten Ausplatzungen, Vermurungen und großflächige Hangabschälungen. ... wobei die Hänge mit dem zunehmenden Wasserdruck förmlich explodierten. ... Große Waldflächen fuhren mit ihren aufgeweichten Wurzelböden entlang der steilen Felslinie ab oder wurden durch sturmartige Böen einfach umgelegt." – Zitat aus „Hochwasser in Kärnten – eine Dokumentation", Sonderausgabe der „Kärntner Landeszeitung", Klagenfurt, 1969; S. 38 f.

# Talzuschub Gradenbach

## Unscheinbar und dennoch gefährlich, wie ein „Wolf im Schafspelz"

In den Alpen gibt es unzählige Talzuschübe, vor allem entlang der Bergflanken ehemals vergletscherter, und dadurch übertiefter Täler. Für das ungeübte Auge sind diese großflächigen Hangdeformationen kaum wahrnehmbar. Aber es gibt zahlreiche Indizien, die vom Experten wie Puzzleteile zum Ganzen zusammengefügt werden können. Dies ist sehr wichtig, denn seit Jahrhunderten geraten Menschen und deren Siedlungen durch Talzuschübe immer wieder in Gefahr. Dazu zählt auch der Gradenbach-Talzuschub.

*Ein großer unscheinbarer Talzuschub am Südosthang des Eggerwiesenkopfes* **stellt für den Gradenbach immer wieder Geschiebe bereit**
(Quelle: GBA)

### Talzuschub im Gradenbach

Dieser Talzuschub befindet sich am Ausgang des Gradentales in das Mölltal, ca. 5 km südlich von Heiligenblut. Dort erstreckt er sich an der Südostflanke des Eggerwiesenkopfes mit einer Fläche von über 2 km² von der Grabensohle bis zum Bergkamm. Das Gradental hat in der Vergangenheit immer wieder aufgrund von Hochwasser und einhergehender Schuttführung zu Problemen geführt.

In den Jahren 1965 und 1966 wurde die Ortschaft Putschall im Mölltal verwüstet, weil insgesamt etwa 1 Mio. m³ Murschutt aus dem Gradental in den Bereich des Schwemmkegels, auf dem die Ortschaft Putschall liegt, verfrachtet wurde. Teile der Siedlung waren meterhoch unter dem Murschutt begraben, 15 Häuser mussten aufgegeben werden und die Mölltaler Bundesstraße wurde auf einer Länge von 300 m zerstört. Ähnliche Ereignisse, wenn auch nicht mit vergleichbarem Schadensausmaß, ereigneten sich dort auch in den Jahren 1882, 1903, 1935, 1942, 1957 und 1975.

- Fläche: Ca. 2 km²
- Bewegungsgeschwindigkeit: Bis mehrere dm pro Jahr
- Murschuttvolumen: Etwa 1 Mio. km³
- 15 Anwesen müssen im alten Weiler Putschall verlassen werden
- Verbauungskosten: 8 Mio. Euro

### Wildbach und Massenbewegung: Eine unheilvolle Kombination

Die Quellen der enormen Schuttmassen sind vornehmlich in den unteren Hangflanken des Gradentales zu suchen, wo der Fels beispielsweise im Bereich des Gradenbach-Talzuschubs immer wieder aufgrund der tiefgründigen, kriechend-rutschenden Bewegungsvorgänge stark zerschert und aufgelockert wird. Damit wird auch das Gestein erosionsanfälliger und kann im Fall eines Hochwassers leicht abgetragen werden.

Die ersten Wildbachverbauungen wurden bereits in den 1930er Jahren vorgenommen. Später, nach den Ereignissen von 1965 und 1966, wurden im Zeitraum von 1967 bis 1971 insgesamt 24 armierte Betongrundschwellen errichtet, um die Sohle des Gradenbaches zu heben und um den Wildbach in seinem Bett zu halten. Verstärkte Hangbewegungen in den Jahren 1972 und 1975 führten jedoch zu starken Schäden bzw. zur Zerstörung vieler Geschiebesperren, so dass immer wieder Instandsetzungsarbeiten erforderlich waren. Seit 1980 kam es jedoch zu keinen extremen Hochwasserereignissen mehr. Ebenso waren auch die Bewegungsraten an der bachnahen Stirn des Talzuschubes über lange Zeit mit etwa 11 cm/Jahr relativ gering. Dieses Bild hat sich jedoch im Jahr 2009 gewandelt, als im Frühjahr dieses Jahres die Talzuschubstirn wieder Bewegung aufnam. Bis zum Sommer betrug die mit einem Drahtextensitometer festgestellte Verschiebung mehr als 40 cm.

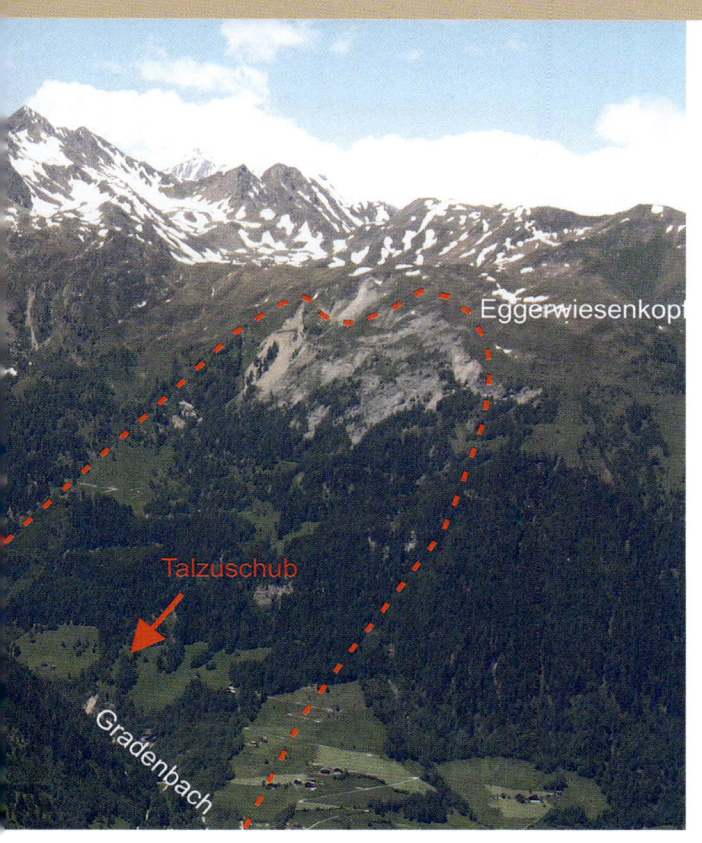

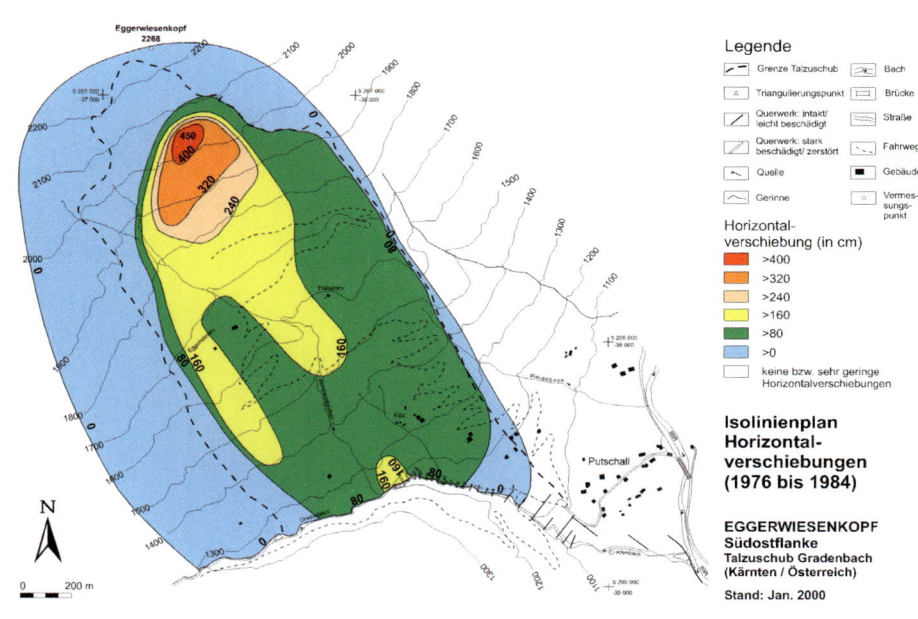

Der Talzuschub im Gradenbach ist daher auch in Zukunft ein Gefahrenherd – ein echter „Wolf im Schafspelz".

**Die Hangbewegung am Talzuschub Gradenbach** verteilt sich auf Zonen mit unterschiedlichen Bewegungsraten (Quelle: Weidner, Universität Erlangen-Nürnberg)

**Durch die Kräfte des Talzuschubes** wurden und werden auch Schutzbauwerke beschädigt, so dass diese von Zeit zu Zeit wieder saniert werden müssen (Quelle: BFW)

▶ „**Nichts lebt lang, nur die Erde und die Berge!** (Indianisches Totenlied) … Aber als Geologe muss ich anfügen, dass auch das nicht so ganz stimmt: Selbst die Alpen werden sich geologisch verändern und abgetragen werden und nicht auf ewig bestehen, wie Andre es gerne hätte. Ein gutes Beispiel dafür ist der Talzuschub am Berchtoldgraben/Gradenbach." – aus: Gästebuch der Gemeinde Großkirchheim, Eintrag vom 28. Februar 2005

# Die Mure am Enterbach

in der Tiroler Gemeinde Inzing am 26. Juli 1969

Der Enterbach (auch Hundstalbach) bei Inzing ist seit jeher als murstoßfähiger Wildbach bekannt, wovon auch die teilweise jahrhundertealte Verbauungsgeschichte zeugt. Nachdem der Ort Inzing allein im 19. Jahrhundert mehr als 6-mal durch Murgänge aus dem Enterbach verheert wurde und seine Bevölkerung mehr als einmal darüber nachdachte, den Ort aufzugeben, konnten aufgrund weiterer intensiver Verbauungstätigkeiten im Einzugsgebiet weitere Katastrophen zunächst vermieden werden. Mit Ausnahme eines Ereignisses im Jahr 1929 blieb der Ort vor größeren Schäden durch den Enterbach bis ins Jahr 1969 verschont.

Der 26. Juli 1969 markierte dann einen weiteren traurigen Tiefpunkt für die Gemeinde Inzing im Tiroler Inntal. An diesem Samstag wurden der Ort und seine Bewohner von zwei Murgängen überrascht, deren Wirkung auch noch Jahre nach dem katastrophalen Ereignis zu spüren war.

Als Auslöser für dieses Ereignis gilt ein Wolkenbruch mit Hagelschlag am südlich von Inzing gelegenen Rosskogel, der die Almböden etwa 15 cm hoch flächig bedeckte. Infolge des Starkniederschlags in Kombination mit dem Hagelschlag wurden im obersten Einzugsgebiet des Enterbachs zahlreiche frische Rinnen und Gräben aufgerissen, in denen viel Geschiebe durch die erosive Kraft des Wassers abtransportiert wurde. Die mitgeführten Feststoffe wurden zum größten Teil auf der Hundstalalm abgelagert, was zur Folge hatte, dass nun das geschiebeentlastete Wasser sich in der anschließenden Gerinnestrecke erneut eintiefen und eine Unmenge an Geschiebe- und Geröllmassen in Kombination mit Wildholz abtransportieren konnte. Der so entstandene Murgang und seine hohe Geschwindigkeit führte entlang des Grabenverlaufes zur starken Beschädigung oder Zerstörung von 42 der insgesamt 44 in den vorangegangenen 80 Jahren errichteten Wildbachsperren.

In Inzing wurden die Menschen von den zwei Murgängen regelrecht überrascht, da in dem Ort zum

- Starke Gewitter mit Hagel im Oberlauf des Enterbachs lösten die Murgänge aus
- 2 Murgänge mit Abflussspitzen > 1.000 m³/s
- Über 52 ha Fläche wurde am Schuttkegel vermurt, Ablagerungsmenge rund 400.000 m³
- 3 Tote, 15 Verletzte
- 2 zerstörte Häuser, 12 weitere Gebäude und eine Kapelle wurden bis zu 1 m hoch eingeschottert
- 500 m der Arlbergbahn waren für 2 Tage unbefahrbar
- Die Aufräum- und Instandsetzungsarbeiten nahmen 1 Jahr in Anspruch

Blick auf den Schuttkegel des Enterbachs nach dem Murgang-Ereignis am 26. Juli 1969. Deutlich sind die vermurte Freizeit- und Schwimmanlage unterhalb der Bildmitte als auch die betroffenen Objekte und die stark in Mitleidenschaft gezogene Gemeindestraße zu erkennen
(Quelle: die.wildbach)

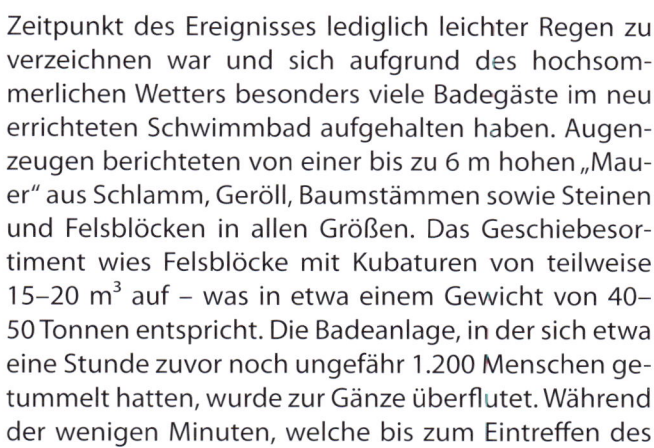

**Blick vom vermurten Schuttkegel** in Richtung **Inzinger Ortszentrum**
(Quelle: die.wildbach)

Zeitpunkt des Ereignisses lediglich leichter Regen zu verzeichnen war und sich aufgrund des hochsommerlichen Wetters besonders viele Badegäste im neu errichteten Schwimmbad aufgehalten haben. Augenzeugen berichteten von einer bis zu 6 m hohen „Mauer" aus Schlamm, Geröll, Baumstämmen sowie Steinen und Felsblöcken in allen Größen. Das Geschiebesortiment wies Felsblöcke mit Kubaturen von teilweise 15–20 m³ auf – was in etwa einem Gewicht von 40–50 Tonnen entspricht. Die Badeanlage, in der sich etwa eine Stunde zuvor noch ungefähr 1.200 Menschen getummelt hatten, wurde zur Gänze überflutet. Während der wenigen Minuten, welche bis zum Eintreffen des zweiten Murganges vergingen, konnten noch einige Personen aus dem Bereich des Schwimmbades evakuiert werden. 3 Personen fanden bei diesem Ereignis den Tod.

## Konsequenzen

Die enormen Kosten der Schadensbehebung nach der Katastrophe führten dazu, dass der Enterbach heute in einem neuen, regulierten Bachbett fließt und ein Geschiebeablagerungsbecken am Schwemmkegelhals den Ort Inzing schützt. Die Größe und Schwere des Murgang-Ereignisses 1969, das durch die Zerstörung der Konsolidierungssperren im Grabenlauf des Enterbachs wesentlich mitbestimmt wurde, führte vielen Fachleuten auch die Grenzen der technischen Möglichkeiten im Umgang mit Naturgefahren vor Auge. Dieser Aspekt unterstützte neben vielen anderen Rahmenbedingungen schließlich auch die Weiterentwicklung der Gefahrenzonenplanung im Forsttechnischen Dienst für Wildbach- und Lawinenverbauung in Österreich und deren Regelung im Forstgesetz 1975.

# Naturkatastrophen in den 1970er Jahren

Im Dezennium 1970–80 war Österreich gleich mehrmals von verheerenden Naturereignissen betroffen

Aufgrund ihres Ausmaßes waren die Naturkatastrophen der 1970er Jahre mit ein Grund für die in den 1990er Jahren von den Vereinten Nationen ausgerufene weltweite Kampagne der „Internationalen Dekade zur Reduzierung von Naturkatastrophen" (International Decade for Natural Disaster Reduction, IDNDR).

### Niedernsiller Mühlbach 1970/71

Die Gemeinde Niedernsill (Bezirk Zell am See, Salzburg) wurde am 7. August 1970 und nahezu genau ein Jahr später, am 28. Juli 1971, nach einer mehr als 170 Jahre dauernden Periode ohne nennenswerte Ereignisse, durch Murgänge aus dem Niedernsiller Mühlbach stark in Mitleidenschaft gezogen. In beiden Fällen war wolkenbruchartiger Starkregen der Auslöser für die Murgänge. Der Murgang 1970 zerstörte 3 Wohnhäuser und beschädigte mehrere Objekte schwer; 3 Personen kamen bei diesem Ereignis ums Leben. Beim Murgang 1971 kamen zum Glück keine Personen zu Schaden, allerdings wurden rund 40 ha Gemeindefläche vermurt sowie Brücken und die 110-kV-Leitung der Tauernkraftwerke AG zerstört.

### Willersbach 1972

Am 15. Juli 1972 ereignete sich am Willersbach im Bezirk Amstetten in Niederösterreich eine Hochwasserkatastrophe, bei der 4 Wohnhäuser unmittelbar gefährdet und vermurt sowie 700 lfm Landesstraße total vernichtet wurden.

### Muren und Lawinen in Kärnten 1975

Im Frühjahr 1975 wurde der Oberkärntner Raum von einigen katastrophalen Lawinen- sowie Mur- und Hoch-

**Lawinenabgang bei Bad Bleiberg (Kärnten) 1975:** Deutlich sind das abgelagerte Schadholz als auch die enormen Schneemassen auf der Landesstraße in Richtung Dorfzentrum zu erkennen
(Quelle: die.wildbach)

**Vermurung auf dem Schwemmkegel des Niedernsiller Mühlbaches 1970**
(Quelle: die.wildbach)

**Muren und Lawinen in Kärnten 1975**
▶ Katastrophenschäden in der Höhe von 14,5–18,0 Mio €
▶ Insgesamt 13 Todesopfer (9 Tote infolge von Lawinenabgängen, 4 Tote durch Murgänge)
▶ Allein durch Murgänge wurden 20 Objekte total zerstört und rund 90 beschädigt
▶ 5 Bahnlinien und 13 Bundesstraßen waren von den Ereignissen betroffen
▶ Evakuierungsmaßnahmen mussten für rund 2.000 Personen aus rund 500 Objekten getroffen werden
▶ Schadholzmenge insgesamt rund 500.000 fm

Lößgräben Wagram (Quelle: die.wildbach)

wasserereignissen heimgesucht, die eine Vielzahl an Todesfällen sowie enormen Sachschaden forderten. Die schwersten Lawinenereignisse ereigneten sich dabei in den Gemeinden Winklern, Mallnitz, Malta (Baustelle des Maltakraftwerkes) und Bad Bleiberg. Besonders tragisch war ein Lawinenabgang am 31. März 1975 in Mallnitz, der eine Feriensiedlung zerstörte und dabei 8 Todesopfer forderte und 4 Personen verletzte. Im Gemeindegebiet von Bad Bleiberg (Bezirk Villach) gingen im Frühjahr 1975 eine Vielzahl von Lawinen ab, wobei der Lawinenabgang am 31. März am schadbringendsten war. Die Schneemassen der „Hohentrattenlahner" verlegten die Landesstraße in einer Länge von 320 m stellenweise bis 7 m Höhe und drangen bis in den Friedhof vor, die Staublawine war im Ortsbereich noch spürbar. Ein Seitenast dieser Lawine riss hunderte Festmeter Holz mit sich, die ebenfalls die Landesstraße blockierten.

Im April 1975 kam es, nach der schneereichen Periode im Monat März, zu zahlreichen Hochwasser- und Murereignissen, die sich schwerpunktmäßig in Mittel- und Oberkärnten ereigneten. Die schwersten Ereignisse wurden aus den Gemeinden Feld am See und Arriach (Bezirk Villach-Land) sowie Radenthein, Ferndorf, Sappl, Stall und Heiligenblut (Bezirk Spittal/Drau) gemeldet. Begleitend zu den Hochwasser- und Murereignissen haben sich infolge ungeregelter Wasserausleitungen der Oberflächenwässer bzw. fehlender Hangstützverbauungen entlang des ländlichen Wegenetzes viele Hangrutschungen sowie Hangexplosionen ereignet.

### Schliefaubach 1978
Ein schweres Unwetter über dem Einzugsgebiet des Schliefaubaches (Gemeinde Randegg, Niederösterreich) verursachte am 31. Mai 1978 ein enormes Hochwasser mit Schäden vielfältiger Art an der Landesstraße, Gemeindestraßen und Güterwegen sowie zahlreiche Uferanrisse in landwirtschaftlichen Bereichen und Gefährdungen von Häusern.

### Hochwasser im Lößgebiet Niederösterreichs
Die niederösterreichischen und burgenländischen Lößgebiete sind aufgrund ihrer bodenphysikalischen Eigenschaften immer wieder der erosiven Kraft des Wassers ausgesetzt.

Die eindruckvollsten Hochwasser-Ereignisse im Löß fanden in Krems an der Donau (Bründlgraben) und in einzelnen Lößgräben am nördlich der Donau gelegenen Wagram bzw. der als „Wagramer Lößgräben" zusammengefassten Einzugsgebiete des südlich der Donau gelegenen Wagrams statt (Hochwasserereignisse 1966, 1968 und 1974).

▶ **Löß** ist ein schichtungslos durch den Wind („äolisch") abgelagertes Staubsediment der letzten Eiszeit. Die Erosion kann im Löß tief eingeschnittene Schluchten (Gulleys) bilden.

# Wildbach- und Lawinenereignisse in den 1980er Jahren

## Muren und Staublawinen fordern Todesopfer und zerstören zahlreiche Gebäude

Auch in den 80er Jahren des 20. Jahrhunderts verursachten zahlreiche Muren, Lawinen und Hochwässer schwer Personen- und Sachschäden. Von Wildbachkatastrophen besonders betroffen waren das Drautal (Kärnten) und das Glemmtal (Salzburg). Besonders tragisch waren die Folgen der Wolfsgrubenlawine in St. Anton am Arlberg (Tirol).

**Gendorferbach 1983:** Zwei Murgänge bringen 20.000 m³ Geschiebe im Siedlungsraum zur Ablagerung (Quelle: die.wildbach)

**Schreigraben:** Die Bewohner wurden in den Morgenstunden von diesem Murereignis überrascht (Quelle: die.wildbach)

- Gendorferbach 6. Juli 1983: 1 Wohnhaus zerstört, 12 schwer beschädigt, 7 ha vermurt
- Zörbach 6. Juli 1983: 1 Wohnhaus zerstört, 15 Gebäude schwer beschädigt
- Schreigraben 11. September 1983: 4 Todesopfer
- Schwarzachergraben 8. Juli 1987: 1 Todesopfer, Siedlung am Schwemmkegel völlig vermurt
- Wolfsgrubenlawine 13. März 1988: 7 Tote, 23 Verletzte, 1 Haus zerstört, 29 Häuser beschädigt, Bundesstraße und Arlbergbahn bis 5 m hoch verschüttet

## Muren in Baldramsdorf

Im Jahr 1983 wurde Baldramsdorf im Drautal (Kärnten) zweimal von schweren Murenkatastrophen heimgesucht. Nach einem Gewitterregen am 6. Juli 1983 brachten zwei schwere Murgänge aus dem Oberlauf des Gendorferbaches mindestens 20.000 m³ Geschiebe zu Tale, das sich nach einer Verklausung überwiegend im westlichen Siedlungsraum von Gendorf ausschüttete. Es wurden dabei 12 Wohnhäuser schwer beeinträchtigt – eines davon völlig zerstört. Die Vermurungsfläche im Siedlungsraum betrug ca. 7 ha. Die Landesstraßenbrücke wurde weggerissen. Ein ähnliches Schadensausmaß verursachte eine Mure aus dem Zörbach.

Noch schlimmer kam es am 11. September. Nachdem in den Nachtstunden innerhalb kürzester Zeit eine Niederschlagsmenge von 81 mm zu verzeichnen war, kam es im Schreigraben zu einem Murgang. Die Bewohner am Schwemmkegel des Schreigrabens wurden in den Morgenstunden von diesem Ereignis überrascht. Beim Versuch, den Geschiebemassen zu entrinnen, wurden sieben Menschen von der Mure erfasst und in die Drau gerissen – vier fanden den Tod.

## Der Schwarzachergraben verwüstet Saalbach

Vom 1. bis 3. Juli sowie am 8. Juli 1987 gingen im Raum Saalbach (Salzburg) außergewöhnlich schwere Gewitter nieder, wobei das Einzugsgebiet des Schwarzachergrabens besonders stark betroffen war. Durch den überaus starken Geschiebeeinstoß aus den Oberlaufgräben, insbesondere aus dem Waxeckgraben, eskalierte das Ausmaß der Katastrophe im Hauptgraben derart, dass der Schwemmkegel mit der hier liegenden Siedlung zur Gänze vermurt wurde. Es war 1 Todesopfer zu beklagen. Auch an den Verbauungen entstanden große Schäden.

## Der „Weiße Tod" schlägt in St. Anton zu

Am 13. März 1988 bricht eine große Staublawine aus den Einzugsgebieten der Wolfsgruben- und Stockbachlawine ab und stößt in den Ortsteil Nasserein in St. Anton am Arlberg vor. Die Opferzahl ist hoch: 7 Personen werden getötet und 23 verletzt. Besonders tragisch ist, dass 5 der Todesopfer sich innerhalb jenes Gebäudes aufhielten, das von der Lawine völlig zerstört wurde. Neben der Bundesstraße (350 m Länge) wurde auch eine Tankstelle verschüttet und bis unter das Pultdach mit Schnee aufgefüllt. Straße und Bahn waren 3 Tage unterbrochen. Der Lawinendruck wurde mit bis zu 1,8 t/m² ermittelt. Die Lawinenkatastrophe in St. Anton war auslösend für die Entwicklung eines digitalen Staublawinenmodells in Österreich (SAMOS).

**Wolfsgrubenlawine 1988: Die Zerstörung eines Wohnhauses fordert 5 der 7 Todesopfer**
(Quelle: die.wildbach)

**Wolfsgrubenlawine 1988: Tankstelle bis zum Dach mit Schnee gefüllt**
(Quelle: die.wildbach)

# Wildbachkatastrophen der 1990er Jahre

## Die Murenkatastrophe am Wartschenbach in Osttirol als Auslöser für Warnung und Alarmierung

**Ein durch einen Murgang am Wartschenbach** stark beschädigtes Wohngebäude in der Gemeinde Nußdorf-Debant
(Quelle: die.wildbach)

▶ Wartschenbach: 3 Murenkatastrophen im Wartschenbach innerhalb von 3 Jahren
▶ Das Ereignis am Wartschenbach ist auslösend für die Entwicklung von Warn- und Alarmanlagen in einem Wildbach in Österreich
▶ Hassbach: 150 mm Niederschlag in 2 Stunden löst 40 Rutschungen in den Einhängen aus

In den 1990er Jahren blieb Österreich von großräumigen Wildbachkatastrophen weitgehend verschont. Dafür traten in einzelnen Einzugsgebieten lokale Katastrophen mit umfangreichen Schäden auf. Aus den zahlreichen Ereignissen treten die Muren im Wartschenbach (Osttirol) sowie die Hochwasserkatastrophen an der Teigitsch (Steiermark) und im Hassbach (Niederösterreich) hervor.

### Muren aus dem Wartschenbach

Der Wartschenbach in der Gemeinde Nußdorf/Debant (Bezirk Lienz, Osttirol) hat sich in den letzten 15 Jahren von einem unbedeutenden Gebirgsbach zu einem der gefährlichsten Wildbäche in Österreich entwickelt. Es wurden im Laufe der Jahrhunderte zwar immer wieder Ereignisse am Wartschenbach dokumentiert, die rasche Abfolge an Katastrophen seit 1995 verdeutlicht jedoch das Zerstörungspotenzial dieses Wildbaches.

Am 6. August 1995 löste ein schweres Gewitter mit Hagelschlag über dem nordöstlichen Teil des Einzugsgebietes einen Murgang aus. Dabei wurden etwa 40.000 m³ Geschiebe mobilisiert. Der Murgang beschädigte oder zerstörte 16 Häuser der Wartschensiedlung und ein Bauhofareal. Der Wartschenbach tiefte sich bei diesem Ereignis bis zu 8 m in sein Bett ein. In den Grabeneinhängen waren seither Nachböschungsvorgänge im Gange und bewirken durch größere Hangrutschungen die Initialzündung für weitere Murenereignisse.

Starkregen mit Hagelschlag im Bereich des Zettersfeldes löste am 16. August 1997 einen Hochwasserabfluss aus, welcher einen Murgang im Wartschenbach mit 45.000 m³ Geschiebematerial induzierte. 14 Wohnobjekte in der Wartschensiedlung und ein Bauhofareal wurden – wie schon 1995 – vermurt und dabei stark beschädigt.

Nur drei Wochen später, am 6. September 1997, ereignete sich der nächste Murgang: Diesmal wurden etwa 35.000 m³ Murmaterial am Schwemmkegel abgelagert, 5 Wohnhäuser der Wartschensiedlung sowie das Bauhofareal waren erneut betroffen.

Nach diesen Ereignissen wurden im Wartschenbach umfangreiche technische Schutzmaßnahmen errichtet und außerdem eine der ersten Warn- und Alarmsysteme in einem Wildbach in Österreich installiert, die die Bevölkerung vor drohenden Ereignissen warnen soll.

### Wildholz als Katastrophenursache in der Teigitsch und im Gößnitzbach (Steiermark)

Beim bis dahin schwersten Hochwasser an der Teigitsch (Voitsberg, Steiermark) in der Nacht vom 28. auf den 29. Juli 1995 entstanden gewaltige Schäden.

Auswirkungen und Spuren eines Murganges im Wartschenbach, dokumentiert in der Wartschensiedlung in der Gemeinde Nußdorf-Debant (Quelle: die.wildbach)

Blick vom Schwemmkegelhals des Reisachgrabens (KG Kirchau) Richtung Mündung nach dem Ereignis im August 1999 (Quelle: BOKU)

Sommerliche Temperaturen bis 32° C und eine von Westen vordringende Gewitterfront bewirkten, dass lange, heftige Regenschauer einsetzten. Das folgende 100- bis 150-jährliche Hochwasser erreichte in der Teigitsch (Einzugsgebietsgröße 70 km²) eine Abflussspitze von 129 m³/s. Katastrophal wirkten sich vor allem die enormen Wildholzmengen aus, die zur Verklausung von Brücken, Durchlässen und Wehranlagen führten. Bei dieser Unwetterkatastrophe kam 1 Person ums Leben, 2 Gast- bzw. Wohnhäuser sowie mehrere landwirtschaftliche Nebengebäude und Mühlen wurden zerstört. 15 Wohnhäuser, 2 Gasthäuser und 1 Sägewerk wurden schwer beschädigt. Eine Vielzahl an Straßen und Brücken wurde zerstört bzw. beschädigt, ebenso ein Campingplatz und Infrastruktureinrichtungen.

### Hochwasser im Hassbach

Am späten Nachmittag des 7. August 1999, nach einer hochsommerlich warmen und niederschlagsfreien 14-tägigen Schönwetterperiode, verursachten schwere Unwetter mit Hagel im Wechselgebiet großflächige Überschwemmungen und Überschotterungen im Talraum des Hassbaches (Gemeinde Warth, Niederösterreich).

Einer der auffälligsten Prozesse während dieses Ereignisses waren die in der östlichen Hälfte des Einzugsgebietes konzentrierten, seichtgründigen Hangrutschungen. Diese traten zum größten Teil an künstlichen Straßenböschungen und Böschungseinschnitten auf, wurden aber auch an natürlichen Terrassenkanten beobachtet. Neben Schäden an Güterwegen und Gemeindestraßen mussten infolge einer solchen Rutschung auch zwei Wohngebäude geräumt und abgerissen werden. Wie durch ein Wunder wurde hier niemand verletzt.

Gößnitzbach: Schwere Schäden nach dem bisher schwersten Hochwasserereignis in der Weststeiermark (Quelle: die.wildbach)

Durch eine flachgründige Blattrutschung zerstörtes Gebäude im Hassbachtal (Quelle: BOKU)

# Lawinenwinter 1999 und die Katastrophe von Galtür

## 48 Lawinenabgänge im Februar 1999 in den Bezirken Imst und Landeck

- 38 Tote, 28 Verletzte
- Gebäudeschäden:
  13 zerstörte Wohnhäuser (weitere 42 beschädigt)
- 30 zerstörte Wirtschaftsgebäude (weitere 13 beschädigt), 7 beschädigte Gewerbebetriebe
- Sachschaden: fast 10 Mio. €
- Rund 12.000 Personen wurden per Hubschrauber aus dem Paznauntal ausgeflogen
- Bundes- und Landesstraßen wurden durch insgesamt 122 Lawinen verschüttet und über längere Zeiträume gesperrt
- 85.000 fm Holz wurden geworfen

**Die Katastrophenlawine von Galtür**

Der Lawinenwinter 1999 war geprägt durch verheerende Lawinenereignisse im Zeitraum vom 21.–24. Februar. Vorangegangen waren drei sehr intensive kurz aufeinanderfolgende Schneefallperioden mit enormen Neuschneemengen (27. Jänner–25. Februar 1999). Begleitet waren diese Schneefälle von stürmischen Nordwestwinden, wodurch zusätzlich ungeahnte Schneemengen in Form von Triebschneeansammlungen insbesondere in den kammnahen Bereichen abgelagert wurden. Verschärft wurde die Situation zusätzlich durch den kurzen Temperaturanstieg am 22. Februar (Anstieg der Schneefallgrenze weit über 2.000 m Seehöhe).

Die Folge war der Abgang einer Staublawine, deren zerstörerische Wirkung als „Die Katastrophenlawine von Galtür" in die Geschichte einging:

Am 23. Februar brach um 16:00 Uhr auf der orographisch linken Talflanke nördlich des Hauptorts Galtür vom Grat östlich des Grieskopfes (2.764 m) auf einer Breite von rund 400 m eine trockene Schneebrettlawine. Sie stürzte als Staublawine durch die Sturzbahnen der „Äußeren Wasserleiter-Lawine" und der östlich benachbarten „Weiße-Riefe-Lawine" und richtete im Ortsteil „Winkl" schwere Schäden an. Die Sachschäden

Hunderte Helfer im Einsatz **auf der Suche nach Verschütteten in Galtür** (Quelle: die.wildbach)

und die Lawinentoten gingen auf das Konto der „Äußeren Wasserleiter-Lawine". Von der Katastrophenlawine verschüttet bzw. betroffen waren 60 Personen, davon wurden 31 getötet, 2 schwer und 20 leicht verletzt. 6 Wohngebäude wurden zerstört, 7 schwer und 11 leicht beschädigt. Allein der Sachschaden an

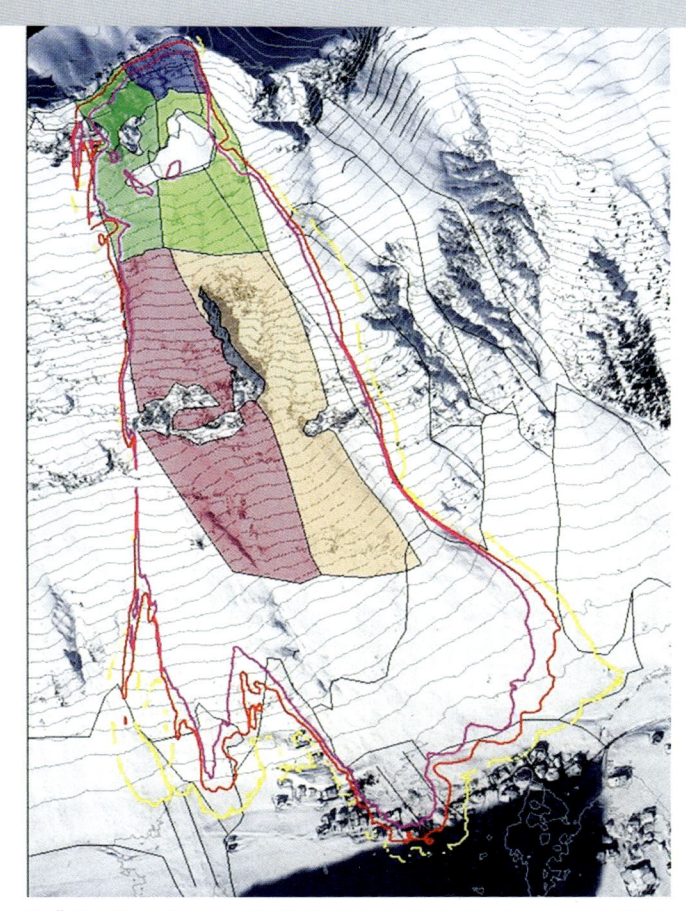

**Die Äußere Wasserleiter- und die Weiße-Riefe-Lawine im Simulationsmodell (ELBA)**
(Quelle: die.wildbach)

Gebäuden und Einrichtungen wurde auf 5,3 Mio. € geschätzt. Im Zuge der groß angelegten Evakuierungsaktion wurden 12.000 Menschen aus dem durch Lawinen abgeschnittenen Paznauntal mit Hubschraubern ausgeflogen.

Unmittelbar nach dem Ereignis wurden Direktschutzmaßnahmen in Form von Lawinenmauern mit einer Länge von 474 m und eine Anbruchverbauung mit Stahlschneebrücken im Ausmaß von 4.300 m umgesetzt. Zusätzlich wurde zur Unterstützung der Lawinenkommission eine automatische Wetterstation errichtet. Das Lawinenereignis war Auslöser für die Verschärfung der Kriterien für Lawinen-Gefahrenzonen.

**Zerstörung des Ortsteils Valzur (Gemeinde Ischgl) durch eine Staublawine** (Quelle: die.wildbach)

### Valzur

Am 24. Februar 1999 stürzte um 16:15 Uhr – also rund 24 Stunden später als in Galtür – eine trockene Scheebrettlawine durch den Graben des „Inneren Riefenbaches" und überschüttete dessen Schwemmkegel fast zur Gänze. Durch diese Staublawine wurde der Weiler „Untervalzur" des Ortsteils Mathon (Gemeinde Ischgl) weitgehend zerstört. Von der Lawine verschüttet bzw. betroffen waren 12 Personen, davon wurden 7 getötet und 3 leicht verletzt. 6 Wohn- und 1 Wirtschaftsgebäude wurden zerstört, 1 Wohngebäude schwer beschädigt. Aufgrund seiner Lage in einer Gelben Zone – und wohl auch als Reaktion auf das Ereignis in Galtür – war die Evakuierung von Untervalzur bereits im Gange. Die Personenschäden sind zum Teil auch auf eine Verkettung unglücklicher Umstände zurückzuführen.

▶ **Zeitzeugenbericht**
Bis zu 5 Meter hoch türmen sich die Schneemassen in Galtür. Skilehrer Ludwig Walter berichtete in der Nacht telephonisch von den Rettungsmaßnahmen: „Rund 300 Leute suchen im Lawinenkegel pausenlos nach den Verschütteten." Mit Sonden in den Händen stocherten sie den Lawinenkegel ab. Auch örtliche Lawinenhunde halfen mit, das verschüttete Gebiet abzusuchen. „Aber es fehlte die Hilfe von außen", sagt Walter.

▶ „Ein Krachen und Tosen" (Touristin aus Paderborn): „Als die Lawine kam, war ich mit meinem Mann in unserem Appartment." Auch in ihr Wohnzimmer drangen Schneemassen ein: „Das war ein Krachen und Tosen, wie ich es noch nie in meinem Leben gehört habe." Völlig geschockt packte die Familie das Notwendigste zusammen: „Wir sind mit unseren Taschen in den Gemeindesaal gerannt, wo wir erst vom wahren Ausmaß der Katastrophe erfahren haben."

# Rutschung Rindberg 1999

Ein ganzer Hang samt einem Almdorf im Bregenzer Wald setzt sich in Bewegung

Nach einer langen Regenperiode nahm im Mai 1999 die Entwicklung der großen Rutschung am Rindberg der Gemeinde Sibratsgfäll (Vorarlberg) ihren Lauf. Zunächst wurden am 18. Mai Risse in der Vegetationsdecke der Almen als erste Bewegungsanzeichen bemerkt. Bereits einen Tag später waren Gebäude am Unterhang beschädigt. Nach und nach beschleunigte die Bewegung, so dass bis Mitte Juni Geschwindigkeiten von 30 bis 40 cm pro Tag erreicht wurden. Ab dann beruhigte sich der Hang zwar etwas, jedoch waren noch einzelne Schuttstromareale recht aktiv. Am Unterhang kam es ab August zu weiteren großen Abbrüchen, deren Bewegungen sich erst im Oktober verringerten.

Letztendlich wurde von dieser Großhangrutschung ein Areal von 1,4 km² und ein Gesteinsvolumen von etwa 70 Mio. m³ erfasst, was etwa 4,6 Mio. LKW-Ladungen entspricht. Der Schaden war beträchtlich, denn es wurden 17 Gebäude zerstört oder schwer beschädigt, 65 Hektar Wald vernichtet, 85 Hektar Almfläche als Weideland unbrauchbar und 5,7 km Straßen unpassierbar.

Zu den Wiederherstellungsmaßnahmen gehörte beispielsweise die Errichtung von 6,2 km Erschließungswegen und 24,7 km Entwässerungsgräben. Insgesamt mussten 47.000 m³ Material abtransportiert und 9.000 fm Holz geschlägert werden, bevor der Hang mit 11.000 Pflanzen wieder aufgeforstet werden konnte. Die Rutschung am Rindberg löste eine umfangreiche Prozessforschung über Ursachen und Ablauf solcher Ereignisse aus und führte zur Einrichtung von dauerhaften Beobachtungsanlagen (Monitoring).

- Zeitraum: Ab 18. Mai 1999 über mehrere Monate
- Fläche: 1,4 km²
- Volumen: 70 Mio. m³
- Geschwindigkeit: 30 bis 40 cm pro Tag
- Schäden: 17 Gebäude, 65 Hektar Wald, 85 Hektar Almfläche, 5,7 km Straßen

*Die Rutschung am Rindberg bei Sibratsgfäll (Vorarlberg) erstreckt sich über große Flächen (rot abgegrenzt)* (Quelle: Moser/Jaritz)

*Zerstörte Rindberg-Kapelle* (Quelle: Moser/Jaritz)

## Neue Rindberg-Kapelle mit besonderer Konstruktion

Durch die Rutschung wurde auch die alte Rindberg-Kapelle zerstört. Dank einer besonderen Holzkonstruktion war es möglich, eine neue Kapelle auf den Rutschhang zu stellen, obwohl eigentlich Bauverbot besteht. Dies wurde dadurch erreicht, dass die neue Kapelle innerhalb von 2 Tagen, sollte wieder eine Rutschung drohen, abgebaut werden kann. Nur der untere Teil des Fundaments, welches aus zwei Bodenplatten besteht, wäre verloren.

Bei kleinen Verschiebungen von bis zu 30 Zentimetern kann die neue Kapelle bereits wieder aufgebaut werden.

## Gefahrenzonenplan Sibratsgfäll

Der gesamte Ort Sibratsgfäll ist von Rutschungen und Hangbewegungen betroffen. Im Zuge der Überarbeitung des Gefahrenzonenplanes wurde daher erstmals versucht, diese Gefahr kartographisch darzustellen.

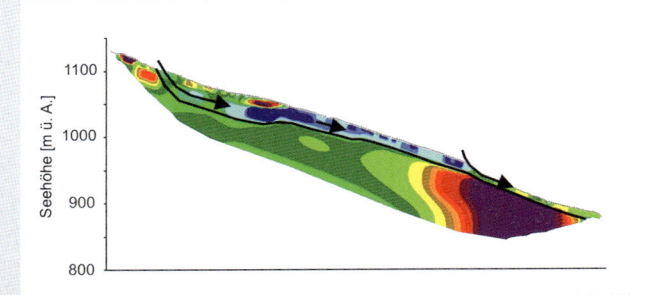

**Ergebnis geoelektrischer Widerstandsmessungen im Rutschgebiet und deren Interpretation** (Quelle: GBA)

## Prozessforschung und Monitoring

Gefahren durch solche Rutschungen können vor allem durch präventiv wirkende Konstruktionen und Frühwarnsysteme minimiert werden. Um auch möglichst wirksame Maßnahmen und robuste Messsysteme einsetzen zu können, sind detaillierte Kenntnisse zu den gefahrenbringenden Prozessen erforderlich. Deshalb wurden auch seit dem Jahr 2000 am Rindberg im Rahmen eines Geomonitoringprogramms (Seite 105) vielfältige Messsysteme installiert. Neben klimatischen Daten werden für längere Zeit auch geodätische, geophysikalische und hydrologische Daten online erhoben und von Experten ausgewertet. Das Monitoringsystem am Rindberg ist in diesem Umfang in Österreich einmalig und stellt eine neue Dimension des Naturgefahren-Managements dar.

**Rutschungsabrisse im Almgebiet** (Quelle: Moser/Jaritz)

**Container mit Messanlagen zwecks Monitoring** (Quelle: GBA)

# Felsstürze 1999

## Die Bevölkerung in den Tiroler Orten Ried und Huben hatte Glück im Unglück

Steinschläge und Felsstürze treten in den Alpen an felsdurchsetzten Hängen häufig auf. Schadensereignisse katastrophalen Ausmaßes sind jedoch selten. Auslöser sind Niederschläge, Erdbeben, aber auch menschliche Aktivitäten. Im Jahr 1999 trat eine Häufung dieser Ereignisse auf.

### Felssturz am Eiblschrofen in Schwaz

Nachdem am 10. Juli 1999 bereits seit 5:00 Uhr morgens im Gebiet südlich von Schwaz immer wieder Erdbeben registriert wurden, lösten sich nachmittags gegen 14:40 Uhr erste Felsmassen an der Nordflanke des Eiblschrofens. Im Zuge einer ersten Serie von Felsstürzen lösten sich zunächst ca. 20.000 m³, in den folgenden Tagen summierte sich dies zu 150.000 m³ Fels auf.

Ortskundigen Geologen war die Brüchigkeit des Eiblschrofenmassivs bereits länger bekannt, denn dessen Nordflanke ist aufgrund zahlreicher tektonischer Störungen entlang des Inntals vorgeschwächt. Deshalb klaffen vor allem an der steilen Nordflanke Spalten leicht auf. Durch zusätzliche Impulse, wie beispielsweise ein Erdbeben, neigt die steile Nordflanke zur Instabilität. Die am Hangfuß siedelnde Bevölkerung des Schwazer Ortsteils Ried war somit bereits vom ersten Tag an akut in Gefahr, so dass noch am Abend dutzende Häuser und Betriebe evakuiert wurden. Zur Festlegung weiterer möglicher Evakuierungsmaßnahmen und von Schutzbauten sowie zur Beurteilung der sich mit der Zeit ändernden Gefährdungssituation wurde Beobachtungs- und Messtechnik installiert. Nicht zuletzt durch den raschen Bau von riesigen Schutzdämmen konnten erste Bewohner bereits am 2. September, letztendlich alle Bewohner wieder bis zum 2. November in ihre Häuser zurückkehren.

Seit 2003 wird der Berg auch per GPS-Technik überwacht. Dadurch wird gewährleistet, dass bereits kleine Hangbewegungen kontinuierlich und dauerhaft erfasst und bewertet werden können. Insgesamt wur-

**Eiblschrofen-Felssturz**
- Zeitraum: Ab 10. Juli 1999 über mehrere Wochen
- Volumen: Ca. 150.000 m³
- Evakuierungen: 58 Häuser und 16 Betriebe (258 Personen)
- Schäden: Baumbestand, Forstwege
- Sanierungs-/Sicherungskosten: 15 Mio. Euro

**Huben-Felssturz**
- Zeitraum: 11. März 1999
- Volumen: 110.000-120.000 m³
- Evakuierungen: 1 Anwesen
- Schäden: Sägewerk, Straße
- Ablagerungshöhe: 4 bis 12 m

**Die sichtbaren Narben des Felssturzbereiches** am Nordhang des Eiblschrofens
(Quelle: die.wildbach)

Der Felssturz von Huben am 11. März 1999 zerstörte teilweise ein Sägewerk (Quelle: die.wildbach)

Schutzdämme oberhalb von Ried (Quelle: die.wildbach)

den letztendlich 15 Mio. Euro in die Sicherheits- und Überwachungsmaßnahmen investiert. Nach sieben Jahren konnte eine positive Bilanz gezogen werden, so dass die ursprünglich als Gefahrenzonen ausgewiesenen Bereiche unterhalb der Schutzdämme wieder aufgehoben werden konnten.

### Der Felssturz von Huben im Ötztal

Das Tiroler Felssturzjahr 1999 wurde aber bereits am 11. März eingeleitet. So stürzten bei der Ortschaft Huben über 100.000 m³ Fels aus 200 m Höhe zu Tal. Dadurch wurde ein Sägewerk zerstört und die Ötztaler Bundesstraße bis zu 4 m hoch verschüttet. Wie durch ein Wunder war kein Menschenleben zu beklagen. Als Auslösung für das Ereignis wird angenommen, dass große Mengen von Schmelzwasser in die Felsspalten eindrangen. Der einsetzende Nachtfrost hat dann letztendlich zum Absprengen und Abstürzen der Felsmassen geführt. Das Sägewerk wurde später, nun weiter vom Berg abgerückt, wieder aufgebaut. Heute schützen Dämme das Anwesen.

# Die „Jahrhundert-Flut" 2002

## Zwei extreme Niederschlagsereignisse führen zur Überflutung weiter Landesteile

Im August 2002 traten in Österreich Katastrophenhochwässer extremen Ausmaßes auf. Dabei wurden in vielen Gebieten alle bisher gemessenen Niederschläge und Abflüsse überschritten. Über lange Zeiträume betrachtet, sind sogar extreme Hochwässer als durchaus natürliche Prozesse anzusehen. Im Eindruck der Katastrophe bezeichneten jedoch Betroffene und Experten das Hochwasser 2002 als größtes in Österreich aufgetretenes Naturereignis, ja sogar als „Jahrhundert-Flut".

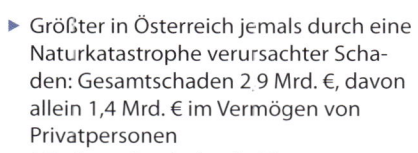

- Größter in Österreich jemals durch eine Naturkatastrophe verursachter Schaden: Gesamtschaden 2,9 Mrd. €, davon allein 1,4 Mrd. € im Vermögen von Privatpersonen
- 9 Todesopfer sind zu beklagen
- Maximale Niederschläge über 300 mm im Mühl- und Waldviertel
- Schwere Hochwasserschäden an den Flüssen Donau, Salzach, Enns, Steyr, Traun, Aist und Kamp
- 171 Gemeinden von Wildbachkatastrophen betroffen

### Zwei Starkregenepisoden führen zur Katastrophe

Auslösend für die Hochwasserkatastrophe waren zwei knapp aufeinander folgende Starkniederschlagsereignisse: von 6. bis 8. August 2002 und von 10. bis 14. August 2002. Die Wetterlage war in beiden Fällen durch „Kaltlufttropfen" im Bereich der Alpen gekennzeichnet, an deren Vorderseite es zu intensiven Hebungsvorgängen sowohl großräumig als auch in konvektiven Zellen kam, verstärkt in Nord- und Nordweststaulagen. Die sehr langsame Wanderung des Kaltlufttropfens führte zu der langen Dauer der Niederschläge in einem begrenzten Raum. Feuchtwarme Luft aus dem Mittelmeerraum war eine weitere Voraussetzung für die extremen Niederschlagsmengen. Zwei Niederschlagsepisoden mit einer Dauer von je 2–3 Tagen führten zu der Hochwasserkatastrophe. Hauptsächlich betroffen waren das Mühl- und Waldviertel und der Alpennordrand. Dort fielen in jeder der beiden Episoden mehr als 100 mm, gebietsweise sogar mehr als 200 mm Niederschlag. Die Maxima im Mühl- und Waldviertel lagen bei über 300 mm.

Überflutung der Gemeinde Saalfelden **durch die Urslau** (Quelle: die.wildbach)

### Das Ausmaß der Flut-Katastrophe

Die außergewöhnliche Charakteristik der Niederschlags- und Hochwasserereignisse vom August 2002 bestand in der großen räumlichen Ausbreitung. Dadurch erfolgten Überregnungen ganzer Flusseinzugsgebiete mit großen Intensitäten. Der hohe Vorbefeuchtungsgrad der Gebiete führte zu sehr steil ansteigenden Hochwasserwellen. Dies wurde an der Donau noch durch die Überlagerung der alpinen Zubringer (Salzach, Enns, Traun) verstärkt.

**Die Flüsse im Wald- und Mühlviertel** nehmen zum Teil den gesamten Talboden für den Hochwasserabfluss in Anspruch (Quelle: Amt der Kärntner Landesregierung/S. Tichy)

In den Bundesländern Niederösterreich und Oberösterreich kam es zu einer in diesem Ausmaß noch nie aufgetretenen Überflutung von Teilen des Landesgebietes. Im Kamptal entstanden entlang des Flusses und seiner Zubringer von Zwettl bis zu seiner Mündung in die Donau massivste Überflutungen mit historischen Höchstständen. In Oberösterreich waren im Mühlviertel die an der Aist und Naarn samt Zubringern gelegenen Gemeinden und Ortschaften am schwersten von Überflutungen betroffen. Weiträumige Überflutungen von Enns und Steyr setzten Teile des Stadtgebietes unter Wasser. In Salzburg kam es großteils entlang der Salzach, Saalach und Enns zu Überflutungen. Auch in den Bundesländern Tirol, Vorarlberg und Steiermark traten schwere Hochwasserschäden auf.

### Schäden durch Wildbachereignisse

Es waren auch zahlreiche Wildbäche von der großflächigen Katastrophe betroffen. Der Schwerpunkt der Schäden in Wildbacheinzugsgebieten lag in Oberösterreich, gefolgt von Salzburg und Niederösterreich. Die Schäden entstanden vor allem durch die Wirkung des Geschiebes und Wildholzes oder durch Tiefen- und Seitenerosion, Hanganbrüche und Rutschungen. Insgesamt waren 171 Gemeinden in 27 Bezirken vom Hochwasserereignissen aus Wildbächen betroffen.

Besonders betroffen war die Gemeinde Saalfelden durch ein Hochwasser der Urslau, die weite Teile des Talbodens überflutete. Die Wirkungen der Schutzmaßnahmen (Querwerke, Ufersicherungen, Hangkonsolidierungen, flächenwirtschaftliche Maßnahmen, etc.) haben ein höheres Schadensausmaß verhindert. So konnte z. B. in der Gemeinde Thalgau (Salzburg), die innerhalb eines Monats im Sommer 2002 dreimal durch Hochwasserereignisse betroffen war, das Schadensausmaß infolge der Hochwasserschutzmaßnahmen im Fischbach und seiner Zubringer deutlich in Grenzen gehalten werden.

**Die starke Geschiebeführung der Wildbäche** führt zur Vermurung des Siedlungsraums: Pfennigbach in Puchberg am Schneeberg (Quelle: die.wildbach)

# Rutschungen und Hangmuren 2005 in der Steiermark

Die Gemeinden Gasen und Haslau wurden von den abgerutschten Erdmassen lahmgelegt, zwei Menschen wurden getötet

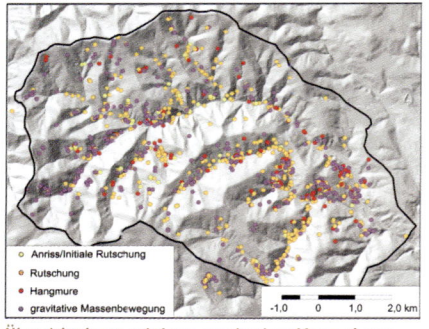

**Übersichtskarte mit Lage gravitativer Massenbewegungen unterschiedlichen Typs in der Katastrophenregion Gasen-Haslau im August 2005** (Quelle: GBA)

- Mehr als 780 einzelne Massenbewegungen (Rutschungen, Hangmuren)
- Zahlreiche Hochwasserschäden
- 3 zerstörte, 22 beschädigte Wohngebäude
- 2 Tote
- Hoher wirtschaftlicher Schaden für die Gemeinden und Betriebe durch monatelange Sperre der Landesstraße
- Gesamtkosten der Sofortmaßnahmen der WLV ca. 1,1 Mio. €

Im August 2005 verursachten Niederschläge im Westen und Südosten Österreichs schwere Schäden. Diese resultierten in der Oststeiermark – im Gegensatz zu den Katastrophenregionen Westösterreichs – weniger aus Gerinneprozessen (Hochwasser, Murgänge), sondern eher aus gerinnefernen Massenbewegungen (Rutschungen und Hangmuren). Das auslösende Niederschlagsereignis war durch hohe, kontinuierlich fallende Niederschläge gekennzeichnet. Ab der Nacht vom 21. auf den 22. August 2005 ereigneten sich dann über mehrere Tage hinweg innerhalb der Gemeinden Gasen und Haslau mehr als 780 Massenbewegungen (Gebietsfläche: ca. 60 km²). Sowohl die Ortschaften, als auch die Verbindungsstraßen wurden vielerorts verwüstet, so dass viele Bewohner evakuiert werden mussten und tagelang von der Außenwelt abgeschnitten waren.

Im Schadensgebiet wurden in der Folge umfangreiche Dokumentationen der Rutschungsereignisse und darauf aufbauend Studien zur Abschätzung der

**Wochenlange Straßensperren erschwerten das Leben der Bevölkerung im Katastrophengebiet** (Quelle: BFW)

Risikodisposition für Rutschungen und Hangbewegungen durchgeführt. Ziel dieser Erhebungen war es, ein besseres Verständnis für die Auslösemechanismen der Massenbewegungen zu erhalten und die Grundlagen für eine Gefahrenkartierung in den betroffenen Gemeinden zu schaffen.

### Schadensumfang

Im Katastrophengebiet wurden insgesamt mehr als 780 Einzelereignisse registriert. Davon entfiel die überwiegende Zahl auf die Kategorie „Massenbewegungen" (Rutschungen, Hangmuren). 28 Meldungen betrafen „Hochwasserereignisse". Der Großteil der Schäden entfiel auf die Gemeinde Gasen. Die größte dokumentierte Massenbewegung wies eine Fläche von

**Die dichte Bewaldung** konnte das Abrutschen der Hänge nicht verhindern
(Quelle: BFW)

**Ein zerstörtes Haus** nach einer Hangmure (Quelle: die.wildbach)

25.000 m² auf (Gemeinde Haslau). 2 Todesopfer und große Sachschäden waren die unmittelbare Folge der Katastrophenereignisse. Privathäuser, Betriebsanlagen und Verkehrswege wurden beschädigt oder zerstört, Wald und landwirtschaftliche Flächen verwüstet. Straßensperren beeinträchtigten monatelang das gesamte Wirtschaftsleben.

**Einsatz der Hilfskräfte** bis an die Grenzen
(Quelle: die.wildbach)

### Konsequenzen der Katastrophe

Die Rutschungskatastrophe von Gasen und Haslau hat gezeigt, dass auch Niederschläge mit relativ geringer Intensität zu extremen Schäden führen können. Besonders bedeutsam war dabei die Vorregensumme, die 80 % über dem langjährigen Durchschnitt lag. Im Hinblick auf eine verbesserte Prognose von Katastrophen wird diesen Szenarien zukünftig höhere Aufmerksamkeit geschenkt werden.

Weiters stellt sich die Frage, ob Gefahren durch Massenbewegungen überhaupt vermieden werden können? Die Antwort könnte lauten: ja, wenn dem Prinzip des Freihaltens gefährdeter Bereiche durch Massenbewegungen Folge geleistet werden könnte und würde. So enthalten die planungsrelevanten Gefahrenzonenpläne der Gemeinden Gasen und Haslau nunmehr Informationen zu massenbewegungsbezogenen Gefahrenbereichen.

# Hochwasser 2005

## Die Katastrophenereignisse in Tirol und Vorarlberg

Die Hochwasserkatastrophe vom 22.–23. August 2005 in Westösterreich zählt zu den größten und flächigsten Ereignissen in Österreich seit Beginn systematischer Aufzeichnungen. Ausschlaggebend war ein Tiefdruckgebiet über dem Golf von Genua, das ab dem 20. August durch seine Zugrichtung in den nördlichen Gebiete des Alpenhauptkammes schwere Niederschläge verursachte. Die intensivsten Regenfälle wurden vom 22. August nachmittags bis zum 23. August vormittags verzeichnet, wobei in den späten Abendstunden bzw. Nachtstunden die Niederschlagspitze erreicht wurde. Der gemessene Tagesniederschlag überstieg jenen Wert, welcher rein statistisch nur alle 150 Jahre auftritt. Aufgrund der Vorbefeuchtung des Bodens in der ersten Augusthälfte waren die Rückhaltekapazitäten stark verringert, wodurch extreme Oberflächenabflüsse auftraten. Räumlich erstreckte sich das am schwersten betroffene Gebiet vom Bregenzerwald, Arlberg und Großen Walsertal in Vorarlberg bis Außerfern, Paznauntal, Stanzertal und in die Silvrettagruppe in Tirol.

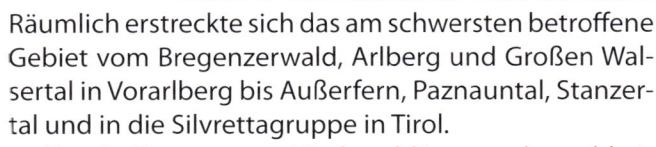

Durch die extremen Niederschläge wurden zahlreiche Umlagerungsprozesse in Wildbächen und Flüssen in Gang gesetzt. Neben Hochwasserabflüssen und Feststofftransporten kam es auch vereinzelt zu Murgängen und sonstigen Massenbewegungen. Wenn auch all diese Phänomene zumeist auf Wildbäche zutreffen, so zeigte der Sommer 2005, dass auch die inneralpinen Flüsse wie Trisanna und Rosanna wildbachähnliches Verhalten annehmen können. Maßgeblich für das großflächige Ausufern waren Gerinneüberlastungen, Rückstau im Mündungsbereich von Zubringern und rückschreitende Gerinneauflandungen. Dadurch war ein Abfluss im Gerinne nicht mehr gewährleistet und es folgten die starken Ausbrüche in den teilweise sehr dicht besiedelten Raum. Rutschungen, Vermurungen und Ufererosion haben Bauwerke und landwirtschaft-

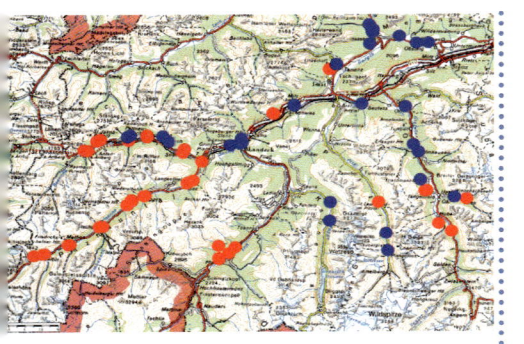

- 175 registrierte Wildbachereignisse
- 111 registrierte Massenbewegungen
- 9 zerstörte Häuser, 253 beschädigte Häuser, ca. 10 km unbefahrbare Straßen
- 1 Toter und 2 Verletzte
- 9,9 Mio. € für Sofortmaßnahmen
- 443,6 Mio. € Schaden

**Überschwemmung in Ischgl** bei der Mündung Fimbabach/Paznauntal (Quelle: ASI)

**Großräumige Verwüstung** des Ortsgebietes von Pfunds durch den Stubenbach (Quelle: die.wildbach)

**Umlagerung von Rutschungsmaterial** im Starkenbach (Quelle: ASI)

**Überflutung und Vermurung** des Ortszentrums von Lech am Arlberg (Quelle: die.wildbach)

▶ Zeitlicher Ablauf der Ereignisse am Schnannerbach (Gemeinde Pettneu am Arlberg) nach **Zeugenaussagen**: 21. August 2005 – Beginn des normalen Niederschlages gegen 6:00 Uhr früh. 22. August 2005 – Gegen 20:00 Uhr starker Geschiebetransport, beginnende Auflandung des Unterlaufgerinnes des **Schnannerbaches**. Ab 22:00 bis etwa 3:00 Uhr baggern 2 Bagger Geschiebe aus dem Mündungsbereich. 23. August 2005 – Gegen 4:00 Uhr Brücke der Hauptstraße im Ortsgebiet verklaust (wenig Holz), rasche rückschreitende Auflandung, Bachaustritt beginnend etwa bei Haus Schnann Nr. 80. Gegen 4:30 Uhr Evakuierung der betroffenen Häuser. Gegen 6:00 Uhr erreichen Wasser und Geschiebe die Haustür des Hauses Nr. 80. Gegen 12:00 Uhr Rückgang des Wasserstandes. 13:00–13:30 Uhr Brücke im Ortsgebiet wieder freigespült.

liche Flächen schwer in Mitleidenschaft gezogen oder gänzlich zerstört. Meterhohe Abflussmarken und Verschüttungen an den Objekten zeugen von der enormen Größe dieses Ereignisses. Verkehrswege wurden unterbrochen bzw. weggerissen, so dass ein Erreichen der Täler teilweise nur noch per Luftbrücke möglich war. Stromausfälle und der Zusammenbruch von Mobilfunk- und Festnetz in den Nachtstunden erschwerten die Arbeiten der Einsatzkräfte. Als Erstmaßnahmen wurden Evakuierungen, die Errichtung von Notbrücken und die provisorische Instandsetzung von Verkehrsverbindungen veranlasst.

# Hochwasserkatastrophe an der Arlbergbahn 2005

## 100 Tage Unterbrechung der Bahnverbindung zwischen Tirol und Vorarlberg

Die Hochwässer am 22. und 23. August 2005 in Westösterreich führten auch zur Zerstörung von Abschnitten der Arlbergbahn. Wenige Katastrophen dieses Ausmaßes sind bisher in der Geschichte der Eisenbahn in Österreich aufgetreten. Der nachfolgende Abschnitt schildert die dramatischen Ereignisse und deren Folgen.

### Das Ereignis

Das Wetterwarnsystem der ÖBB, welches sich im Jahr 2005 erst in der Testphase befand, machte es möglich, schon rechtzeitig über das drohende Ereignis Bescheid zu wissen. Am 22. August 2005 wurde für die gesamte Arlbergstrecke aufgrund der extremen Niederschlagsmengen „Langsamfahren" angeordnet. In der Nacht zum 23. August, exakt um 1:40 Uhr, wurde die gesamte Strecke vorsorglich gesperrt. Nachdem auch die Arlbergschnellstraße gesperrt wurde, war kein lokaler Schienenersatzverkehr möglich. Die Personenzüge mussten über Salzburg – München – Ulm umgeleitet werden.

Mittwoch, den 24. August 2005, frühmorgens herrschte Totenstille. Alle Verständigungsmöglichkeiten der Bahn – Funk, bahneigenes Telefonnetz und Mobiltelefon – waren total gestört. Neben der Sperre der gesamten Arlbergstrecke von Landeck nach Bludenz war auch in Vorarlberg die Strecke Bludenz – Feldkirch gesperrt. Die zuständigen ÖBB-Mitarbeiter saßen fest und waren teilweise selbst von den Unwetterschäden betroffen. Das Ausmaß der Schäden an der Eisenbahninfrastruktur war zu diesem Zeitpunkt nicht bekannt.

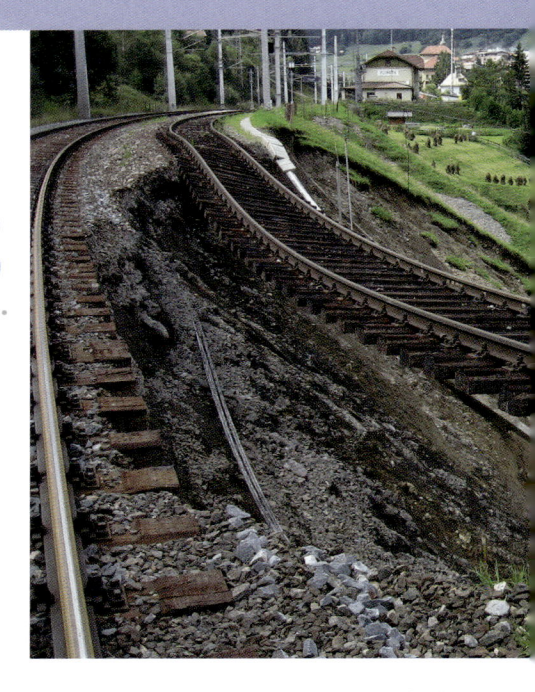

### Die Erkundung der Schäden

Am 24. August 2005 vormittags wurde in Innsbruck ein kleines Team zur ersten Schadensermittlung zusammengestellt. Die einzige Möglichkeit möglichst rasch in das Krisengebiet zu kommen, war der Hubschrauber.

Der Leiter des Fachbereiches Naturgefahren-Management berichtet: „Im Bereich der Sannabrücke kurz nach Landeck konnten wir während der Besichtigung der Brückenpfeiler vom Hubschrauber aus die Auswirkungen des Unwetters im Paznauntal erahnen. Wir landeten unmittelbar im Bereich des Bahnhofes Strengen und gingen zu Fuß entlang der Bahnstrecke in Richtung Westen. Nach ca. 100 m konnten wir auffällige Setzungen des Schotterbettes an den Schwellenköp-

**Arlbergbahn**
- Unterbrechung der Bahnlinie über den Arlberg an zahlreichen Stellen
- Zugsunglück bei Ludesch mit 10 Güterwaggons
- Sanierung der Arlbergbahn in Rekordzeit: Wiedereröffnung nach 100 Tagen

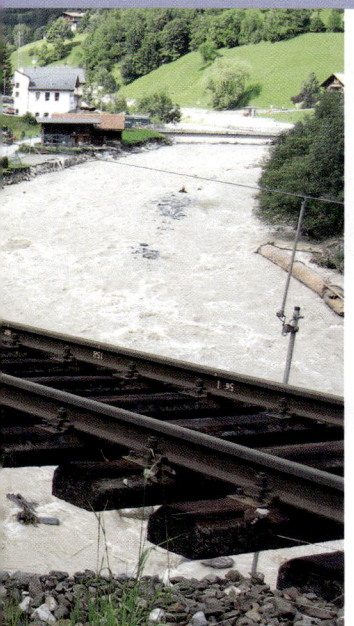

*Durch die Seitenerosion der Rosanna zerstörter Bahnköper* **zwischen St. Anton und Strengen** (Quelle: ÖBB)

*Entgleisung eines Güterzuges* **aufgrund der Setzung des aufgeweichten Bahndammes bei Ludesch (Vorarlberg)** (Quelle: ÖBB)

fen und tiefe Risse an den Mastfundamenten der Fahrleitungsmaste erkennen. Nach weiteren 100 m war der gesamte Bahndamm auf einer Länge von 130 m abgerutscht und der Gleisrost hing in der Luft. Circa 30 m unterhalb der Bahntrasse grub sich die Rosanna immer tiefer in den Bahndamm."

Ähnliche erschreckende Schadensbilder zeigten sich entlang der Bahnstrecke zwischen Strengen und St. Anton/Arlberg auf insgesamt ca. 500 m. Die Bahndämme rutschten ab, Setzungen des Unterbaues führten zu schweren Gleislagefehlern, die Fahrleitung war an mehreren Stellen nicht mehr vorhanden und ein Mast der 110 kV-ÖBB-Versorgungsleitung war zerstört.

In Vorarlberg in der Nähe von Ludesch kam es zu einer Überflutung und Aufweichung des Bahndammes. Das führte noch kurz vor der Streckensperre zu einer Entgleisung eines Güterzuges. Dabei verkeilten sich zehn Kesselwaggons derart ineinander, dass für die Streckenfreimachung schwere Kräne erforderlich waren. Dazu musste jedoch erst eine Baustraße im unzugänglichen Gelände errichtet werden.

## Der Wiederaufbau

Bis gegen Mittag war klar, dass eine rasche Wiederbefahrbarmachung der Strecke nicht möglich war. In den folgenden Stunden kam es immer wieder zu Nachbrüchen der Bahndämme und zu weiteren Rutschungen. Aufgrund des enormen Ausmaßes der Dammrutschungen (Anbruchhöhen über 30 m) war eine Sanierung vom Gleis aus nicht möglich. Die beschädigten Bahndämme wurden neu aufgebaut und der Hochwasserschutz massiv ausgebaut. Nach 100 Tagen war die Arlbergstrecke wieder befahrbar.

# Gschliefgraben

## Ein bekannter „Wiederholungstäter" Oberösterreichs, der 2007/08 wieder für Aufsehen sorgte

*Blick über den Traunsee zum Gschliefgraben*
(Quelle: Max Wojacek)

- Gschliefgraben, Erd- und Schuttstrom
- Zeitraum: Ab 28. November 2007 über mehrere Monate
- Fläche: 42 Hektar
- Volumen: Fast 4 Mio. m²
- Geschwindigkeit: Bis mehrere Meter pro Tag
- Evakuierungen: 55 Anwesen (ca. 100 Bewohner)
- Sicherungskosten: 11,5 Mio. €

Der Gschliefgraben südöstlich von Gmunden (Oberösterreich) ist seit Jahrhunderten wohlbekannt. Denn mit einer Regelmäßigkeit von etwa 100 Jahren krochen und rutschten gletscherartig lehmige Erdmassen bereits im 15. Jahrhundert, 1660, 1734, 1825 und zuletzt 1910 bis an die Siedlungsbereiche am Ostufer des Traunsees heran. Mehrere Anwesen wurden sogar in den See verschoben. Seit 1910 endeten die Erd- und Schuttströme bereits mehrere hundert Meter vor dem bewohnten Gebiet. Nur 1955 und 1987 erreichte die Aktivität des Gschliefgrabens wieder das Traunseeufer, jedoch hatten die damaligen Aufschotterungen nichts mit der Erdstromtätigkeit zu tun, sondern mit der Schuttführung des Wildbaches.

Ab Ende November 2007 hielt der Gschliefgraben abermals über mehrere Monate hinweg die betroffene Bevölkerung und die Medien in Atem. Zunächst wurden am 28. November im oberen Grabenbereich erste Anzeichen für Bodenbewegungen entdeckt. Nach und nach griffen diese dann scheinbar unaufhaltsam auf tiefer liegende Bereiche über.

Wochen später waren auf einer Fläche von etwa 3 Quadratkilometern bis zu 4 Millionen Kubikmeter Erdreich mit einer Geschwindigkeit von mehreren Metern pro Tag in Bewegung. Dadurch gelangte immer mehr Material aus dem oberen Hang in den siedlungsnahen Bereich, was die Evakuierung von zwölf bewohnten Häusern ab Ende November für einen Zeitraum von acht Monaten erforderlich machte.

### Motoren des Gschliefgrabens

Angetrieben werden die Bewegungen einerseits zu Zeiten, in denen der ohnehin wasserempfindliche und rutschungsanfällige Untergrund zusätzlich durch viel Niederschlag und Grundwasser durchfeuchtet wird, andererseits durch Felssturzmaterial der umliegenden Berge, welches jährlich tausende Kubikmeter umfasst. Dadurch entsteht über einen längeren Zeitraum hinweg eine zusätzliche Auflast, die dann bei durchnässtem und aufgeweichtem Lehmuntergrund die Bewegung hinab zum Traunsee erzwingt.

**Luftaufnahme** (rechts, Quelle: M. Pühringer) **des Gschliefgrabens** mit den bereits angelegten Entwässerungskanälen und Geländemodell (links, Quelle: die.wildbach) mit den durch Materialabtrag (rot) und Materialauftrag (blau) gekennzeichneten Bereichen (berechnet aus Laser-Scan-Befliegungen)

**Das klebrige Erdreich** des Gschliefgrabens (Quelle: GBA)   **Zerstörte Schutzbauwerke** (Quelle: GBA)

**Geologisches Modell des Gschliefgrabens am NW-Fuß des Traunsteins** (Traunsee-Ostufer, Gmunden, OÖ), aufgestellt im Erkudok-Institut der Kammerhof Museen Gmunden (angefertigt im Maßstab 1 : 2000 von J. T. Weidinger 1999). Die Ausdehnung der Rutschmassen von 2007–2008 ist in roter Farbe dargestellt.
**Anmerkung:** Der Gschiefgraben liegt in einem tektonischen Fenster des Ultra-Helvetikums zwischen dem Rhenodanubikum (Flysch) im Norden und den Nördlichen Kalkalpen im Süden.
**Farbcode nach der „Geologischen Karte der Rep. Österreich, Blatt 66-Gmunden" der Geologischen Bundesanstalt (1996):** 11 – (Bergsturz-)Blockwerk, 13 – Rutschmassen, 26 – Endmoräne, 43 – Quartäre Hangbrekzie, 50 – Buntmergel-Gruppe, 52 – Gresten-Formation, 59 – Obere Bunte Schiefer (Flysch), 60 – Reiselsberg-Formation (Flysch), 62 – Gaultflysch, 64 – Gosau-Gruppe, 66 – Schrammbach-Formation, 71 – Kieselkalk (Lias), 75 – Kössen-Formation, 79 – Plattenkalk, 80 – Hauptdolomit, 84 – Wettersteinkalk, 85 – Gutenstein-Formation, 86 – Haselgebirge

## Wussten Sie das?

▶ Der seit alters her benutzte Name „Gschlief", abgeleitet vom Dialektwort „schliafn" (schliefen), weist bereits auf instabiles, kriechendes Gelände hin.

▶ In Österreich gibt es einen weiteren Gschlief. Es handelt sich dabei um einen Hang bei Doren (Vorarlberg), der auch immer wieder ins Rutschen gerät. So waren dort ab Februar 2007 wieder mehrere Anwesen bedroht. Im Gegensatz zum Gschliefgraben befinden sich diese jedoch nicht unterhalb, sondern oberhalb der Rutschung, wo entlang einer riesigen Abrisskante immer wieder Material nachrutscht. Dadurch kommt die Rutschung den Häusern immer näher.

# Phänomen Schesatobel

## „200-jährige" Naturkatastrophe oder Abtrag der Alpen im „Zeitraffer"

Viele der in diesem Band beschriebenen katastrophalen Naturereignisse sind – in geologischen Zeiträumen gemessen – Teil des natürlichen Abtrags der Alpen. Gewaltige Prozesse, wie die Gebirgsbildung im Erdmittelalter oder die Eiszeiten, gegen die sich Naturkatastrophen der Gegenwart „bescheiden" ausnehmen, haben wesentlichen Anteil an den Veränderungen der Gebirgslandschaft. Der Mensch nimmt durch seine Eingriffe in die Natur manchmal Einfluss auf den Umfang und die Geschwindigkeit der Erosionsprozesse, doch kann er sie weder auf Dauer bremsen noch in großem Umfang beeinflussen.

Ein besonders „spektakuläres" Beispiel einer alpinen Erosionsnarbe ist der Bruchkessel „Schesatobel" in der Gemeinde Bürserberg oberhalb von Bludenz (Vorarlberg). Die Geschichte dieses „größten Murbruches der Alpen" dokumentiert eindrucksvoll die Auswirkungen, die menschliche Eingriffe in die Natur haben können, und zeigt gleichzeitig die Grenzen der Beherrschbarkeit dieser Vorgänge.

**Überblick über den Bruchkessel der Schesa in Bürserberg (Vorarlberg) um 1970** (Quelle: die.wildbach)

- Größter Murbruch Europas
- Erste Mure 1802, mehr als 15 große Murereignisse folgen
- Seit Entstehung des Schesatobels 40 Mio. m³ Lockergestein erodiert und abtransportiert
- Wildbachverbauungsmaßnahmen ab 1897 (Basis: „Rhein-Staatsvertrag" Schweiz–Österreich)

### Erdgeschichte im „Zeitraffer"

Die geologischen Ursachen für die Entstehung des Schesatobels sind komplex und können als eine ungünstige Verbindung von labilen Grundgesteinen, tektonischen Einflüssen und eiszeitlichen Ablagerungen beschrieben werden. Das Gebiet der Schesa ist Teil der so genannten „Arosazone", die aus weichen, erosionsanfälligen Gesteinen (Gips, Mergel, Konglomerate) aufgebaut ist. Durch den Einfluss der Gebirgsbildung (Tektonik) wurden diese Gesteine durch extreme Auffaltung und Zerscherung zusätzlich geschwächt. Während der Eiszeit sperrten die Gletscher des Walgau den Bruchkessel ab und schütteten Moränen auf. Mit dem Rückzug des Eises wurden zusätzlich mächtige Schottermassen abgelagert. So entstand eine labile Lockergesteinsmasse, die nur noch einer initialen Auslösung bedurfte, um den Erosionsprozess in Gang zu setzen.

### Entstehung des Schesatobels

Die Erosion der Schesa hätte irgendwann in den nächsten Jahrtausenden mit Sicherheit auf natürlichem Wege stattgefunden, doch, wenn man der historischen Überlieferung Glauben schenken kann, setzte der Mensch die entscheidenden Handlungen, um den Abtrag in Gang zu setzen. Ausgedehnte Waldrodungen und Erosionsnarben durch Holzbringung sollen um 1770 ein „kleines Wiesenbächle" zu einem „wilden Murtobel" mutiert haben. Wann die Erosionsprozesse exakt eingesetzt haben, ist nicht überliefert, doch trat 1802 das erste Murereignis mit Auswirkungen bis zur Ill auf. Die Schleuse war damit geöffnet. Weitere Mur-

*Jedes Jahr verlagert sich die Bruchkante des Schesatobels* um einige Dezimeter bergwärts (Quelle: Rudolf-Miklau)

*Freilegung der Fundamente des 1823 durch eine Mure zerstörten Hofes „Reinegg"* *im Jahr 2002:* Der Hof war ca. 20 m unter dem Schwemmkegel der Schesa verschüttet (Quelle: Rudolf-Miklau)

Unaufhaltsam fortschreitende Erosion im Schesatobel (Quelle: Rudolf-Miklau)

## Unaufhaltsamer Gebirgsabtrag oder „beherrschbare" Naturkatastrophe?

Seit Beginn der staatlichen Wildbachverbauung in Österreich fand in der Schesa ein Kräftemessen zwischen Natur und Mensch statt. Mit großem Aufwand und unterschiedlichem Erfolg wurden Hänge und Tobel stabilisiert, Erosionsflächen begrünt und Dämme zur Ableitung der Muren errichtet. Seit den 1950er Jahren wird auch in großem Umfang Kies und Schotter abgebaut, um aus den Schutzmaßnahmen auch wirtschaftlichen Nutzen zu ziehen. Die Erosion des Kessels schreitet jedoch weiter voran, ein Ende ist nicht absehbar.

Heute ist der Schesatobel eine weithin sichtbare Landmarke und hat seinen Mythos als „gefährlicher Murbruch" eingebüßt. Ob die „Schesa" endgültig gebändigt werden konnte oder nur schlummert, wird jedoch die Zukunft weisen. Letztendlich wird die Erosion der Schesa wohl erst zum Stillstand kommen, wenn alle Lockermassen abgetragen sind.

gänge folgten 1810, 1811, 1819 und 1820. 1823 wurde der Hof „Reinegg" durch die Vermurung des Bürser Außerfeldes vernichtet. 1864 drängte eine Mure die Ill gegen Nüziders ab. 1880 werden die Bahnlinie und die Landesstraße vermurt, 1885 erreicht der Schemmkegel sein heutiges Ausmaß. 1907 brechen bei einem Ereignis 200.000 m³ Lockergestein aus dem Anbruch, 1966 tritt die „Martins-Rutschung" mit einer Masse von 500.000 m³ im Ostteil der Schesa in Erscheinung.

# Hochwasser und Lawinen 2009

## Überblick und Darstellung ausgewählter Extremereignisse

### Wildbachereignisse 2009

Im Jahr 2009 wurden insgesamt 248 Ereignisse der Kategorie „Wasser" innerhalb der Kompetenzgrenzen des Forsttechnischen Dienstes für Wildbach- und Lawinenverbauung registriert. Nach ONR 24800 handelt es sich dabei um Hochwasser, fluviatile Feststofftransporte (Hochwasser mit Geschiebe), murartige Feststofftransporte sowie Murgänge im eigentlichen Sinne. Zusätzlich wird dem Wildholz eine wichtige Rolle in der Entwicklung eines Ereignisses beigemessen. Die Verteilung der registrierten Ereignisse 2009 auf die einzelnen Bundesländer zeigt, dass der Schwerpunkt der diesjährigen Hochwasserereignisse deutlich in den Bundesländern Steiermark, Oberösterreich, Salzburg sowie Niederösterreich lag. Am häufigsten traten geschiebeführende Hochwässer in der Steiermark, Niederösterreich und Oberösterreich auf. Murgänge im eigentlichen Sinn konzentrierten sich vor allem in den Bundesländern Salzburg, Tirol, Oberösterreich und in der Steiermark.

Bis auf zwei registrierte Hochwässer mit Geschiebetrieb blieb Vorarlberg im Jahr 2009 von schadrelevanten Wildbachereignissen verschont. Das Bundesland Steiermark zeigte den höchsten durch Wildholz beeinflussten Anteil an Hochwässern.

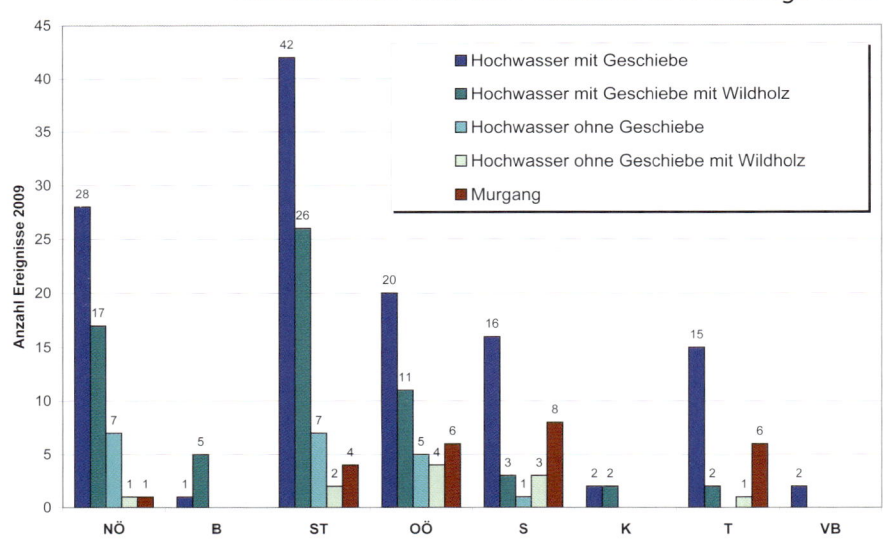

Anzahl der Ereignisse nach Prozesstypen klassifiziert und auf die Bundesländer verteilt (Quelle: BOKU)

**Große Mengen an Wildholz** führen zu zahlreichen Verklausungen von Brücken am Gößnitzbach (Quelle: BOKU)

## Spitzerbach

Am 3. Juli 2009 kam es in den Gemeinden Spitz an der Donau sowie Mühldorf (Bezirk Krems, Niederösterreich) zu einem verheerenden Hochwasserereignis des Spitzerbaches. Aufgrund kurzzeitiger heftiger Gewitter kombiniert mit Starkregenereignissen der letzten fünf Tage stieg der Wasserpegel des Spitzerbaches von durchschnittlich 0,3 m innerhalb einer halben Stunde an manchen Stellen bis zu einer Wassertiefe von 4 m an. Laut Zentralanstalt für Meteorologie und Geodynamik (ZAMG) war der Juni 2009 der regenreichste Monat seit 190 Jahren für die nördlichen und östlichen Regionen Österreichs. Die Unwetter zwischen 2. und 6. Juli 2009 haben über Niederösterreich verteilt jeweils 30–40 mm Niederschlag innerhalb von 2 Stunden pro Messstation gebracht.

Die Kraft der Wasserfluten, welche nur einen geringen Geschiebeanteil aufwiesen, reichte aus, um Brücken wegzureißen und Straßen sowie Autos in Mitleidenschaft zu ziehen. Ufernahe Gehölze wurden aus dem nordwestlichen, oberen Einzugsgebiet, welches insgesamt eine Größe von 63 km² aufweist, von den Fluten mitgerissen. Da der Spitzerbach zum Zeitpunkt des Maximalabflusses bereits „bordvoll" abführte, kam es entlang des Bachverlaufes vor allem vor Brückendurchlässen zu Verklausungen, wodurch in weiterer Folge der Spitzerbach ausuferte und zahlreiche Häuser sowie deren Gärten überflutete. Seither wird ein 81-jähriger Pensionist vermisst, als er eine Verklausung bei einer Brücke beseitigen wollte. Aufgrund Augenzeugenberichten wurde ein maximaler Abfluss von 150 m³/s geschätzt.

## Gößnitzbach

Eine Kaltfront verursachte am 22. August 2009 im Einzugsgebiet des Gößnitzbaches (Gemeinden Gößnitz,

Überflutung des Spitzerbaches **bei Mühldorf** (Quelle: Kerzendorfer)

Die Ablagerungen des Murgangs Höllibach **führen zu Verklausung und Rückstau des Gößnitzbaches** (Quelle: BH Voitsberg)

Die Ablagerungen der Schoberlawine (Wald am Schoberpaß/Steiermark) **führen zur Unterbrechung der Bahnlinie Selzthal – St. Michael** (Quelle: die.wildbach)

Edelschrott, Maria Lankowitz/Steiermark) ein extremes Niederschlagsereignis. Im Einzugsgebiet regnete es in 24 Stunden 130 mm, was einer Jährlichkeit von mindestens 300 Jahren entspricht (statistisch sind laut ZAMG aufgrund der Messreihen nur 100 Jahre abgesichert). In den steilen Zubringern kam es zu Murabgängen, die teilweise das Hauptgerinne zurückstauten. Das Ereignis im Hauptgerinne kann als stark geschiebeführend eingestuft werden. Unmengen von Schwemmholz und Wurzelstöcken führten zu zahlreichen Verklausungen. Mehre Brücken wurden zerstört. Gerinneaustritte und Gerinneverlegungen traten durch starke Geschiebeakkumulation auf. Zahlreiche am Gerinne liegende Gebäude wurden überflutet und Autos abgeschwemmt. Im Unterlauf des Gößnitzbaches war ein Todesopfer zu beklagen. Die Gemeinden entlang des Gößnitzbaches wurden zum Katastrophengebiet erklärt.

Am 4. September 2009 kam es im Einzugsgebiet des Gößnitzbaches zu einem erneuten Hochwasser. Die Jährlichkeit des Niederschlags lag im Bereich eines 100-jährlichen Ereignis. Im gesamten Verlauf des Gößnitzbaches kam es infolge von Seitenerosion der Uferbereiche sowie Geschiebeablagerung in den flacheren Gerinneabschnitten zu zahlreichen Verklausungen.

### Lawinenereignisse 2009

Der Winter 2008/2009 wurde von vielen als außergewöhnlich lange und schneereich erlebt. Meteorologisch gesehen waren die Schneefälle im Winter 2008/09 zumeist über dem Durchschnitt, in einigen Regionen (steirisch-niederösterreichisches Grenzgebiet, Oberkärnten, Osttirol) wurden enorme Gesamtschneehöhen gemeldet. Die Auswirkungen und Reichweiten der Lawine waren zum Großteil vergleichsweise (z. B. Winter 1999) gering. Trotz der beträchtlichen Gesamtschneehöhen in einigen Regionen blieben somit Schäden durch Lawinen allgemein im überschaubaren Rahmen, im Siedlungsraum waren keine Todesopfer zu beklagen. Bemerkenswert war allerdings die außergewöhnliche Reichweite einzelner Lawinen (Schoberlawine in Wald am Schoberpaß/Steiermark, Fleißkargraben-Lawine im Sölktal/Steiermark, Gallreidelawine im Gschnitztal/Tirol).

# Ereignisdokumentation: Durchführung und Institutionen

Alpine Naturkatastrophen haben eine unangenehme Eigenschaft: Sie treten ohne Vorwarnung ein und laufen mit hoher Geschwindigkeit ab. Damit „entziehen" sie sich der Beobachtung durch den Menschen. Entsprechend gering ist das Wissen über die tatsächlich ablaufenden Prozesse. Die Auswirkung der Katastrophenereignisse wird vor allem am Schadensumfang und an den abgelagerten Schnee- und Gesteinsmassen sichtbar.

Es gibt viele Gründe, Aufzeichnungen über eingetretene Naturkatastrophen zu führen. Sei es der Dokumentationsdrang des Chronisten, das Bedürfnis nach Schadenskompensation, das Motiv der Opferstatistik, der Forschungsauftrag der Wissenschaft, die Sensationslust der Presse oder die juristische Notwendigkeit der Beweissicherung, in jedem Fall betrachtet der Beobachter das Ereignis mit anderen Augen und wählt eine eigene Form der Darstellung. Berichte über alpine Naturkatastrophen sind daher stets lückenhaft und subjektiv.

Erst die systematische Erfassung von Naturkatastrophen durch öffentliche Institutionen hat in Österreich dazu geführt, dass heute Datenbanken und Zeitreihen existieren, die allgemeine Aussagen über Gefahren und Risiken zulassen. In den letzten Jahrzehnten haben verschiedene Organisationen in ihrem Zuständigkeitsbereich die Aufgabe der Ereignisdokumentation entwickelt und wahrgenommen. Dazu zählt die Wildbach- und Lawinenverbauung, die Geologische Bundesanstalt, das Bundesforschungs- und Ausbildungszentrum für Wald, Naturgefahren und Landschaft, die Österreichischen Bundesbahnen und die Universität für Bodenkultur.

Das folgende Kapitel zeigt, wie Ereignisdokumentation auf Grundlage neuester Technologien an diesen Institutionen durchgeführt wird und welche Daten(-banken) heute verfügbar sind. Die Darstellung veranschaulicht, welchen ungeheuren Wert Daten über alpine Naturkatastrophen für den praktischen Schutz vor Naturgefahren sowie für die Wissenschaft haben. Gleichzeitig stellen die Institutionen dem Bürger eine unerschöpfliche Quelle an Information über Naturgefahren in den Alpen zur Verfügung, die zur Stärkung der Risikowahrnehmung und des Gefahrenbewusstseins beitragen.

**Staublawine in Galtür 1999 (Tirol)**
(Quelle: die.wildbach)

# Das Ereignisportal des digitalen Wildbach- und Lawinenkatasters

des Forsttechnischen Dienstes für Wildbach- und Lawinenverbauung

Die Dokumentation von Naturgefahren bildet einen wesentlichen Baustein bei der Bekämpfung und Vorhersage von Katastrophen, als unverzichtbarer Bestandteil der Entwicklung von Schutzstrategien im Rahmen eines umfassenden Risikomanagements des Forsttechnischen Dienstes für Wildbach- und Lawinenverbauung.

Aufbauend auf international anerkannten Erkenntnissen des Projektes DOMODIS (Documentation of Mountain Disasters) des ICSU-CDR[1] und der IAG[2] und gemeinsam mit verschiedenen Fachexpertengruppen[3] wurde mit dem **Ereigniskataster** ein standardisiertes Werkzeug zur Erfassung und Sammlung von Ereignisinformationen im Rahmen des Digitalen Wildbach- und Lawinenkatasters[4] (Digitaler WLK) konzipiert und entwickelt.

Der **Digitale WLK** besteht – als geoinformationsgestütztes Managementsystem für Naturgefahren – aus unterschiedlichen Fachmodulen. Diese stellen räumliche Daten in standardisierter Form zur Verfügung. Die wesentlichen Informationen betreffen Wildbach- und Lawineneinzugsgebiete, Gefahrenzonenpläne und Gutachten, den Ereigniskataster, den Bauwerkskataster und Projektinformationen sowie zusätzliche Basisdatensätze (Naturraum- und Grundstücksinformationen, Orthofotos, digitale Kartenwerke u. Ä.).

**Zielsetzung** der standardisierten Ereignisdokumentation ist die institutionsübergreifende, bundesweite Sammlung und Bereitstellung von Informationen über Naturgefahrenereignisse in Wildbach- und Lawineneinzugsgebieten sowie Risikogebieten für Steinschlag und Rutschungen.

Die **Entwicklung** des Ereigniskatasters geht mit der Umstellung der bisher analog erfolgten Hochwasser- und Lawinenmeldungen auf eine digitale Internetapplikation einher. Die räumliche Verortung und Beschreibung von Prozessen, Schäden, betroffenen Ver-

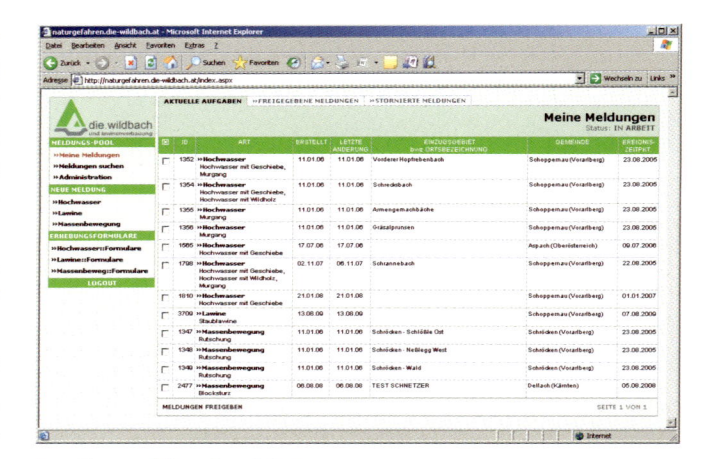

http://naturgefahren.die-wildbach.at

---

1 International Council for Science, Committee on Disaster Reduction (vorm. ICSU-SC IDNDR)
2 International Association of Geomorphologists
3 Naturgefahren Kärnten
4 http://naturgefahren.die-wildbach.at

bauungen und den dazugehörigen Dokumenten ermöglicht eine kartographische Verschneidung der so gewonnenen Informationen mit anderen entscheidungsrelevanten Daten.

Um eine fachübergreifende Vergleichbarkeit der gesammelten Ereignisinformationen zu gewährleisten, war die Vereinheitlichung der Naturgefahrendokumentation anhand eines allgemein gültigen Mindeststandards Voraussetzung.

Dieser **Mindeststandard** (kurz „5W-Standard") umfasst im Wesentlichen die Informationen, welche Naturgefahr (**was**) in welchem Bereich (**wo**) zu welchem Zeitpunkt (**wann**) von welcher Person (**wer**) beobachtet wurde und optional was die vermutlichen Gründe der Auslösung waren (**warum**).

Aktuell werden all jene historischen Daten aufgearbeitet, die der Wildbach- und Lawinenverbauung zur Verfügung stehen (ca. 30.000 Datensätze). Gleichzeitig erfolgt auch die laufende Eingabe aktueller Ereignisse (2005–2009 über 2.000 Datensätze), wobei auch Partnerinstitutionen verschiedener Bundesländer ihre Informationen bereitstellen.

Die Eingabe erfolgt derzeit durch einen bestimmten Fachexpertenkreis. In einem weiteren Schritt wird aber auch die Einbindung der örtlichen Gemeinden und der Katastrophenschutzorganisationen angestrebt. Dadurch soll ein umfassender Informationsverbund betreffend der Gefährdung durch Naturgefahren auf Basis des erwähnten Mindeststandards geschaffen werden.

Ein wesentlicher Teil der in diesem Buch enthaltenen Informationen und Daten stammt aus dem Projekt zur systematischen Erfassung der in Gefahrenzonenplänen der Wildbach- und Lawinenverbauung verzeichneten, historischen Ereignisse. Allein durch diesen Datensatz konnten 16.000 Einzelereignisse in das Ereignisportal aufgenommen werden. Die größte Herausforderung der Zukunft wird sein, diese große Zahl an Datensätzen zu verifizieren und mit mehr Informationen zu ergänzen. Diese Aufgabe kann nur von den Institutionen, die zur Entstehung dieses Buches beigetragen haben, gemeinsam bewältigt werden.

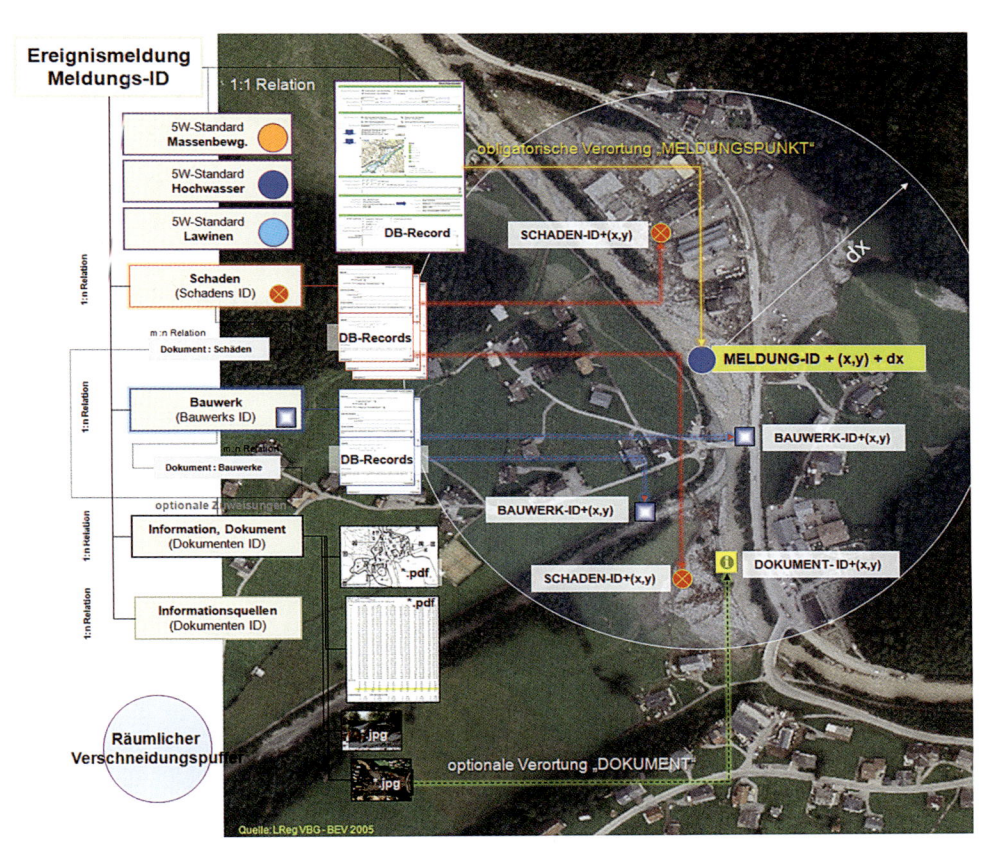

**Datenstruktur einer digitalen Ereignisdokumentation** mit den Inhalten des 5W-Standards sowie Informationen über Schäden, Verbauungen und die Bereitstellung digitaler Dokumente (Fotos, Daten, Skizzen). Quelle: Digitaler Wildbach- und Lawinenkataster des Forsttechnischen Dienstes für Wildbach- und Lawinenverbauung. Orthofotoquelle: Landesregierung Vorarlberg (Hochwasserbefliegung 2005)

# Dokumentation von Wildbach- und Lawinenereignissen

am Bundesforschungs- und Ausbildungszentrum für Wald, Naturgefahren und Landschaft (BFW)

Die Schadensdokumentation von Wildbach- und Lawinenereignissen wurde ins Leben gerufen, um die Wirkungen dieser Naturereignisse auf den Menschen und seinen Lebensraum systematisch aufzuzeichnen und daraus Lehren für einen verbesserten Umgang mit Naturgefahren ziehen zu können. Die Ereignisdokumentation stellt somit einen wichtigen Forschungszweig am Bundesforschungs- und Ausbildungszentrum für Wald, Naturgefahren und Landschaft (BFW), vormals Forstliche Bundesversuchsanstalt (FBVA), dar.

### Datengewinnung

Die Sammlung lawinen- und wildbachrelevanter Daten erfolgt in speziell dafür am BFW entwickelten und dauerhaft installierten Datenbanken. Aber woher kommen die darin gespeicherten Informationen?

Im Lawinenbereich stammen die wichtigsten – weil detailreichsten – Angaben aus dem Bereich der Gendarmerie, die ab dem Winter 1973/74 ein eigens dafür erarbeitetes Meldeblatt konsequent zur Aufnahme von Lawinenereignissen einsetzte, und von der Wildbach- und Lawinenverbauung (wenn Lawinenereignisse eine direkte Verbauungs- bzw. Planungsrelevanz aufweisen). Weitere Aufzeichnungen stammen von der ÖBB, Straßenmeistereien, dem Österreichischen Bergrettungsdienst und dem Österreichischen Alpenverein. Im Wildbachbereich wurden die Schadensereignisse ab 1972 von allen Gebietsbauleitungen der Wildbach- und Lawinenverbauung in Form von Hochwassermeldungsformularen erfasst und jeweils ein Exemplar an die FBVA weitergeleitet (gemäß Erlass des BMLF 1972). Zusätzlich zu allen oben genannten Datenquellen führt das BFW (ehemals FBVA) seit geraumer Zeit eigene Schadenserhebungen zur Ergänzung der Datenbasis durch.

### Aufbau, Möglichkeiten und Grenzen der Schadensdatenbanken

Wurden in den ersten Jahren die an der FBVA eingegangener Meldungen hauptsächlich zur Erstellung der jährlichen Schadensstatistiken herangezogen (Darstellung der erhobenen Ergebnisse in übersichtlicher Form), bot die stürmische Entwicklung von Computer, Hard- und Software bald die Möglichkeit, Datenbanklösungen zu entwickeln, die folgende Hauptfunktionen erfüllen: Datenhaltung (Eingabe, Fehlerkorrektur, Verwaltung) und Erstellung von Verknüpfungen der Datenbankinhalte und maßgeschneiderter Abfragen. Dadurch wurde es möglich, Informationen (Parameter) auf ihre gegenseitigen Wechselwirkungen zu untersuchen, komplexe Auswertungen (Beurteilungen) von

Um den Stand des Wissens zu verbessern, laufen seit 1967 zahlreiche Untersuchungen am BFW in direktem Zusammenhang mit der Dokumentation von Schadensereignissen.

**Projekte des BFW**
Projekte des BFW in direktem Zusammenhang mit Ereignisdokumentation (Auswahl):
- ▶ Katastrophenuntersuchungen an Lawinen
- ▶ Differenzierte Schadenslawinen-Analysen
- ▶ Dokumentation von Wildbachschadensereignissen
- ▶ Methodenentwicklung: von der Dokumentation zur Risikobewertung im Bereich oberflächennaher Rutschungen

Neben diesen hauseigenen Projekten, die mit der Abteilung für Wildbach- und Lawinenverbauung des Bundesministeriums für Land- und Forstwirtschaft, Umwelt und Wasserwirtschaft (BMLFUW) abgestimmt wurden und das Prozessverständnis – und im Falle der Lawinen auch die lawinenkundliche Ausbildung – als zentrales Element aufweisen, wurde in einer Kooperation des BMLFUW, der Universität für Bodenkultur (Institut für Alpine Naturgefahren) und des BFW ein Projekt (DOMODIS) durchgeführt, das – ausgehend von bisherigen Verfahren zur Dokumentation von Wildbach-Schadensereignissen – zwei Zielrichtungen verfolgt: zum einen die Verbesserung der Ereignisdokumentation in fachlich-methodischer Hinsicht, zum anderen den Aufbau einer geeigneten Organisationsstruktur für eine österreichweit flächendeckende Durchführung dieser Erhebungsarbeiten.

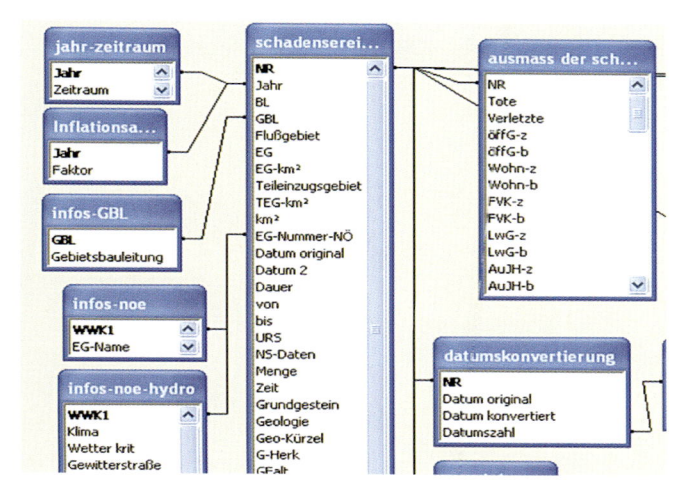

*Ausschnitt aus der BFW-Datenbank für Wildbachschadensereignisse (Quelle: BFW)*

Parametern durchzuführen und den Datentransfer zu Geographischen Informationssystemen auf einfache Art und Weise zu erlauben.

Die Anwendungsmöglichkeiten der Datenbanken sind vielfältiger Natur. Mittels der Dokumentation von Ereignissen und der Datenbanken ist es beispielsweise möglich, eine Gesamtschau über das Schadensgeschehen in Wildbach- und Lawineneinzugsgebieten über einen längeren Zeitraum zu geben. Es werden Häufigkeiten und Schwerpunkte von Ereignissen identifiziert und in Raumbezug gebracht.

Aus den Untersuchungen lassen sich auch Aussagen über die Wirkungsweise von Verbauungsmaßnahmen treffen und sie können – bei entsprechender Datengrundlage – auch Hinweise auf Handlungsbedarf in der Praxis der WLV und im Forschungsbereich liefern.

Die Grenzen der Auswertungen von Dokumentationen sind durch zwei Aussagen zu umreißen:
- ▶ Eine Auswertung kann keine genaueren Aussagen liefern als Art, Umfang und Genauigkeit der ihr zugrunde liegenden Daten und
- ▶ der zum Zeitpunkt der Auswertung herrschende Stand des Wissens.

*BFW-Dokumentation einer Rutschung in Laterns/Vorarlberg (Quelle: BFW)*

# Dokumentation von Naturkatastrophen

an der Universität für Bodenkultur

Die Aufgabe einer Universität in Bezug auf Naturgefahren beruht nicht so sehr auf der Archivierung und Bereitstellung von Daten. Ihr Hauptaugenmerk liegt überwiegend im Bereich der Entwicklung von Methoden zur standardisierten Datenerfassung, der Datengewinnung zur Klassifizierung von Prozessen und in weiterer Folge im Bereich der Auswertung und Analyse dieser Datensätze. Die dadurch gewonnenen Analyseergebnisse sollten zu einer Verbesserung der Maßnahmenplanung und somit zu einer Verringerung der Schäden durch Naturgefahren führen.

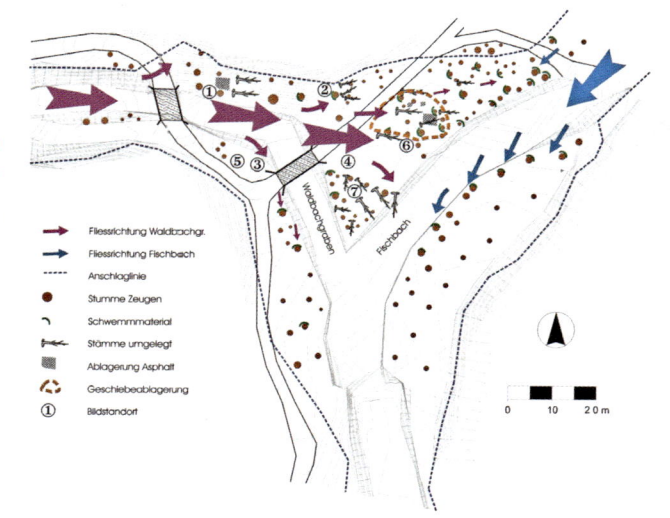

Seitens der Universität für Bodenkultur wird die Dokumentation von Naturkatastrophen von drei Organisationseinheiten durchgeführt:
- Zentrum für Naturgefahren und Risikomanagement (ZENAR)
- Institut für Wasserwirtschaft, Hydrologie und konstruktiven Wasserbau (IWHW)
- Institut für Alpine Naturgefahren (IAN)

Das Zentrum für Naturgefahren und Risikomanagement ist eine Initiative der Universität für Bodenkultur Wien, um die Forschung im Bereich Naturgefahren und Risikomanagement zu fördern und um die Verbindungen zwischen Wissenschaft und Praxis zu intensivieren. Das Zentrum koordinierte die Erhebungen und Analysen zum Hochwasser 2002 und veröffentlichte Handlungsempfehlungen.

Das Institut für Wasserwirtschaft, Hydrologie und konstruktiven Wasserbau ist eine Unterorganisationseinheit des Department Wasser-Atmosphäre-Umwelt. Dieses Institut war für die Hochwasserdokumentation der Ereignisse 2005 und 2009 im Bereich der Bundeswasserbauverwaltung verantwortlich.

Das Institut für Alpine Naturgefahren befasst sich mit der Methodik der Ereignisdokumentation von alpinen Naturgefahren, um eine Standardisierung der Aufnahmen zu erzielen. Diese ist im Hinblick auf das Ereignisportal des digitalen Wildbach- und Lawinen-

**Ereignisdokumentation Fischbach (Salzburg), Kartierung von stummen Zeugen** (Quelle: BOKU)

katasters erforderlich. Um die Dokumentation effizient durchführen zu können, wurden Checklisten für verschiedene Gefahrenarten entwickelt und in einem Handbuch erläutert. Diese Checklisten wurden aufbauend auf den von Institutsmitarbeitern durchgeführten Ereignisdokumentationen (z. B. Wartschenbach 1997, Lawinen Bezirk Imst und Landeck 1999, Hassbach 1999, Salzkammergut und Niederösterreich 2002, Gailtal 2003, Tirol und Vorarlberg 2005) entwickelt.

Seit 2007 werden vom IAN für den Wildbach- und Lawinenkataster historische Ereignisse aufbereitet. Diese liegen entweder in Form von Chroniken oder als Aufzeichnungen der Gebietsbauleitungen der Wildbach und Lawinenverbauung bereits schriftlich vor. Dadurch konnten rund 28.000 Datensätze in Form einer Datenbank zur Verfügung gestellt werden. Die Daten dieser Datenbank bilden eine wesentliche Grundlage dieses Buches.

In alter Tradition werden vom IAN Lehrveranstaltungen zur Ereignisdokumentation angeboten und finden sich in den Masterprogrammen Mountain Risk Engineering und Alpine Naturgefahren/Wildbach- und Lawinenverbauung.

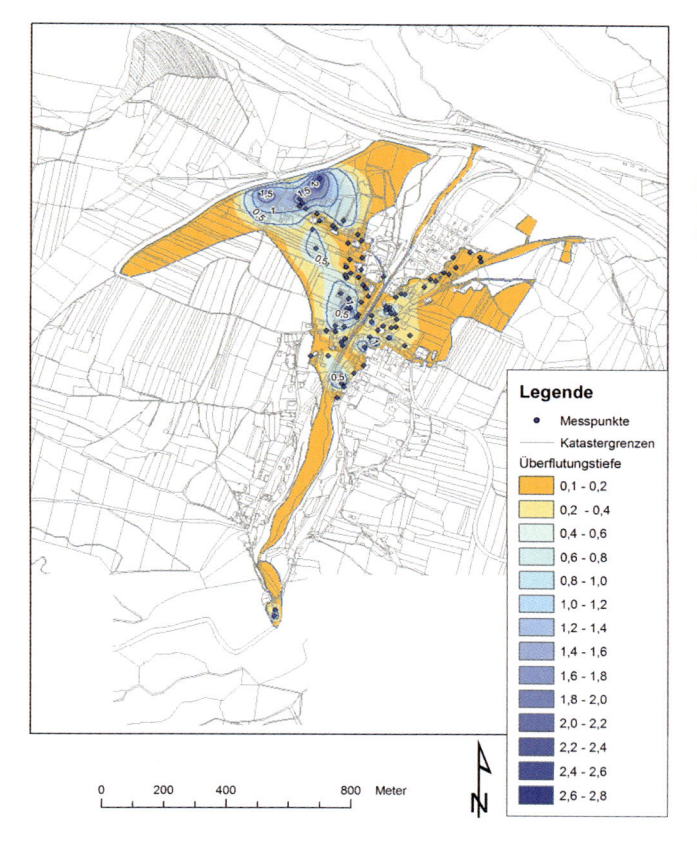

**Ereignisdokumentation Vorderbergerbach (Kärnten),** Interpolation der Ablagerung (Quelle: BOKU)

### Universitätskurs Ereignisdokumentation

Aufgrund der Erfahrung mit der Dokumentation der Hochwasserereignisse 2005 in Tirol und Vorarlberg trat die Abteilung IV/5 des Lebensministeriums im November 2006 an das Institut für Alpine Naturgefahren der BOKU Wien mit dem Ersuchen heran, einen Lehrgang zur Ausbildung von Ereignisdokumentaren zu entwickeln. Diese Ausbildung soll sowohl Mitarbeitern der Wildbach- und Lawinenverbauung als auch anderen fachlich qualifizierten Personen, die für die Ereignisdokumentation in Frage kommen, offen stehen. Ziel des Kurses ist, in Österreich einen Pool von Ereignisdokumentaren zu schaffen, der die gewünschte Effizienz und Qualität der Dokumentation von Naturereignissen (Hochwasser, Murgänge, Rutschungen, Sturzprozesse und Lawinen) im Ereignisfall sicherstellt.

Dieser Kurs wird seit 2008 in Zusammenarbeit mit der Wildbach- und Lawinenverbauung und dem BFW abgehalten. Neben den theoretischen Grundlagen zur Aufnahmemethodik werden die Kursschwerpunkte auf folgende Themen gelegt:
▶ Auslösung, Hydrographie
▶ Verlagerungsprozesse
▶ Rechtliche Rahmenbedingungen
▶ Verfahren/Methoden zur Datenerhebung
▶ Datenmanagement
▶ Katastrophenmanagement und -schutz
▶ Kommunikation und Interviewtechnik

Ergänzt wird der Theorieteil durch praktische Anwendung zu den einzelnen Prozessen.

# Dokumentation gravitativer Massenbewegungen

Datenmanagement an der Geologischen Bundesanstalt (GBA) im Dienste und Schutz der Gesellschaft

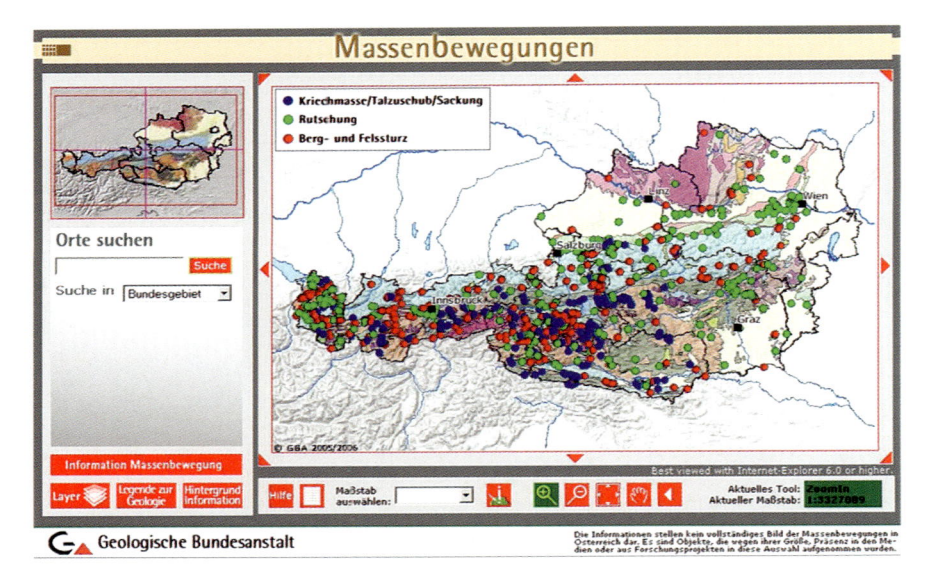

**Web-Applikation „Massenbewegungen in Österreich" der Geologischen Bundesanstalt** (http://www.geologie.ac.at/; Quelle: GBA)

Seitens der Geologischen Bundesanstalt (GBA) werden seit dem Jahr 1978 analoge Informationsquellen (z. B. Fotos, Gutachten und Karten) zu gravitativen Massenbewegungen und anderen gefahrenrelevanten geogenen Prozessen recherchiert, gesammelt und in Karten dargestellt sowie diese Daten anderen Experten zur Verfügung gestellt. Seit dem Jahr 2000 erfolgt dies in digitaler Form im Rahmen des vom Bund finanzierten Schwerpunktprogrammes „Georisiken Österreich" (GEORIOS). Aufgrund des stetig wachsenden Datenumfangs wurde mit Hilfe moderner EDV-Technologien nach und nach ein ausgefeiltes und komplexes Datenmanagementsystem entwickelt. Dieses besteht derzeitig einerseits aus einem Geographischen Informationssystem (GIS), mit Hilfe dessen alle Informationen in digitalen Karten verortet und zusammen mit anderen Daten (z. B. Landnutzungskarten) dargestellt werden. Daraus werden Spezialkarten für verschiedene Fragestellungen und Maßstäbe extrahiert, beispielsweise Prozesskarten oder Prozesskataster. Andererseits besteht das Datenmanagementsystem aus relationalen Datenbanken, mit deren Hilfe bisher unzählige fachübergreifende Zusatzinformationen, zehntausende Dokumente, Fotos und Publikationen digital verwaltet werden.

Die Recherchen und die Implementierung von Daten in das Datenmanagementsystem müssen auch zukünftig weitergeführt werden, da einerseits noch viele Archive durchgesehen werden müssen, andererseits die Natur selbst immer wieder mit neuen Ereignissen zu neuen Daten beiträgt.

### Modellrechnungen als Basis für die Raumplanung
Für raumplanerische Zwecke, beispielsweise für die Erstellung von Gefahrenzonenplänen, ist eine flächendeckende Abschätzung von Gefahren aufgrund gra-

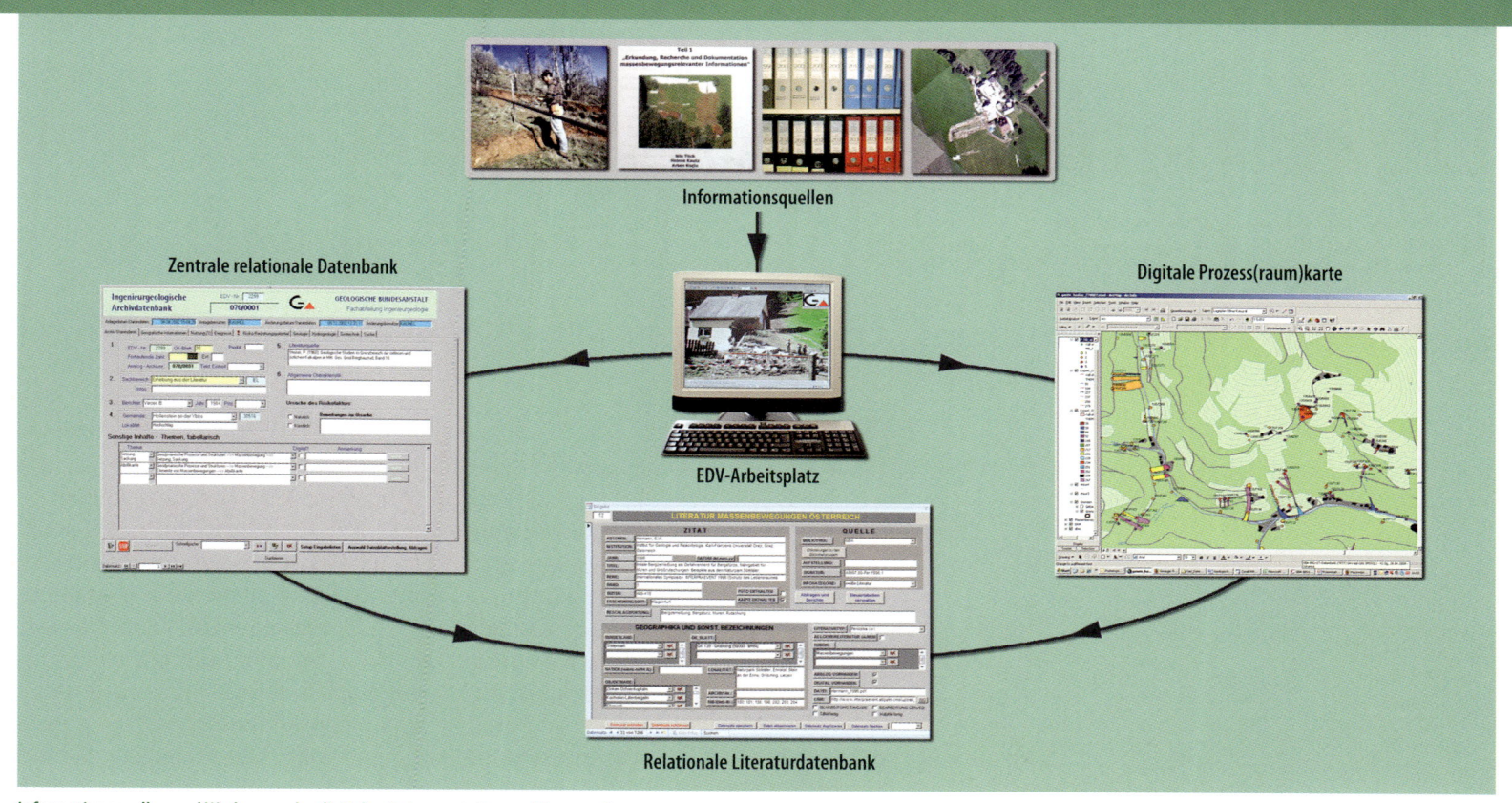

**Informationsquellen und Werkzeuge der digitalen Dokumentation und Datenaufbereitung** im Rahmen des Datenmanagementsystems GEORIOS (Georisiken Oesterreich) der GBA (Quelle: GBA, Luftbild: Joanneum Research)

vitativer Massenbewegungen unerlässlich. Deshalb müssen auch jene Hangbereiche beurteilt werden, die bisher vermeintlich stabil waren, von denen aber zukünftig eine Gefahr ausgehen könnte. Für derartige Zwecke werden u. a. seitens der GBA Prozessanfälligkeitskarten mit Hilfe unterschiedlicher Methoden erstellt.

## Web-Informationen für Interessierte

Auf der Website der Geologischen Bundesanstalt (www.geologie.ac.at) befindet sich unter dem Menüpunkt „GBA-ONLINE" die Webapplikation „Massenbewegungen". Hier gibt es Informationen und weiterführende Weblinks zu jenen gravitativen Massenbewegungen in Österreich, die aufgrund eines großen wissenschaftlichen oder medialen Interesses (z. B. Zeitungen, Fachliteratur, Internet) Aufmerksamkeit erhielten. Ferner sind allgemeine Informationen zum Thema „gravitative Massenbewegungen" enthalten.

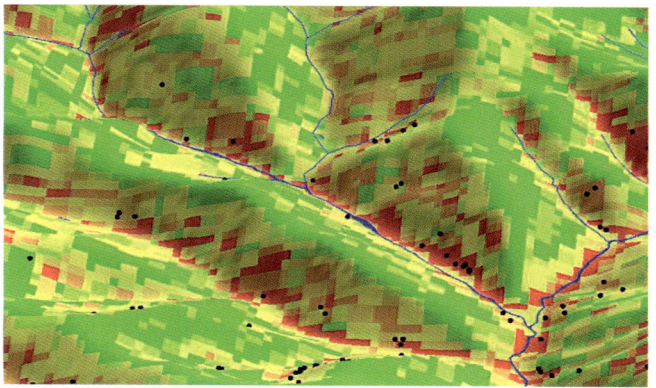

**Bereiche unterschiedlicher relativer Rutschungsanfälligkeit, flächendeckend modelliert mit Hilfe Neuronaler Netze** (Quelle: GBA)

# Dokumentation von Naturkatastrophen an Bahnstrecken

## Bahnchroniken und Streckenschaubilder

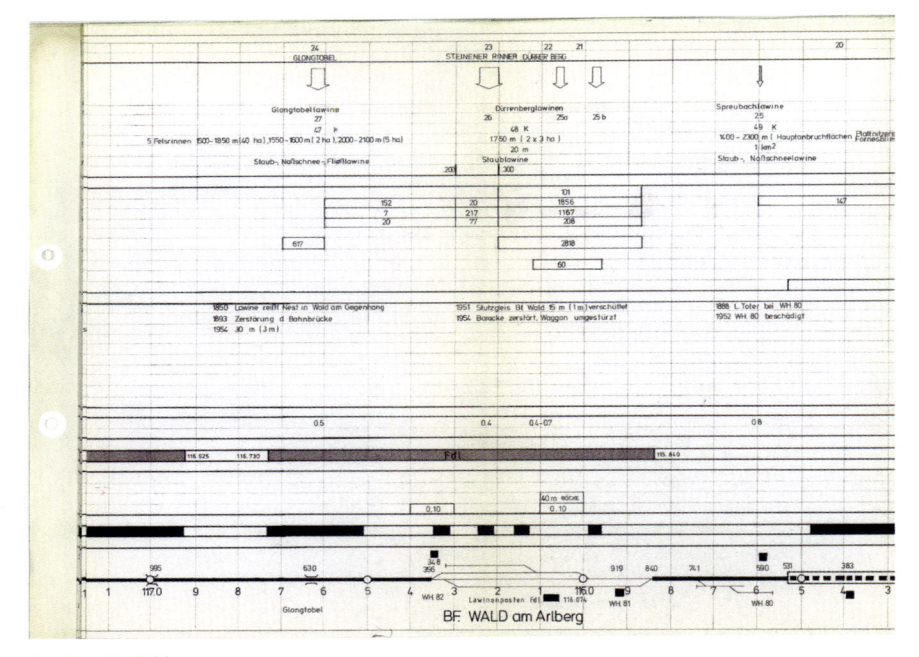

**Streckenschaubild:** erste Informationsquelle über Einfluss von Naturgefahren auf Bahnstecken
(Quelle: ÖBB)

Seit Mitte des 19. Jahrhunderts, also seit dem Bau der ersten gebirgsüberquerenden Eisenbahnstrecken in Österreich, wurden Naturereignisse, welche die Bahnstrecken und Gebäude betrafen, dokumentiert. Die Art des Ereignisses, die Dauer der Streckenunterbrechung, der Schaden und leider auch manchmal die Anzahl der Todesopfer wurde in Chronikbüchern in Zeilenform aufgezeichnet. Diese Aufzeichnungen wurden in unterschiedlicher Qualität und Kontinuität von den Vorgängerorganisationen der ÖBB geführt.

Im 20. Jahrhundert wurden zusätzlich zu den textförmigen Aufzeichnungen auch kartographische Dokumentationen angelegt. Auch in diesem Fall gab es regionale Unterschiede in der Qualität der Karten. Eine sehr übersichtliche Form der Darstellung war das lineare Streckenschaubild, welches eine große Datenvielfalt, wie Lawinenkataster, Wildbäche, Schutzverbauungen, Waldzustand, geplante Maßnahmen und Ereignisse, allesamt mit Streckenbezug in übersichtlicher Form, verband.

Im Personalstand der ÖBB fanden sich immer wieder Personen, die über dienstliche Obliegenheiten hinaus aus eigenem Antrieb Dokumentationen über Naturkatastrophen erstellten. Herausragend ist die Leistung von Albert Ernest, der als Leiter der Lawinenkommission Hieflau (Steiermark) eine lückenlose Chronik für die Gesäusebahn führte und somit indirekt zum Zustandekommen dieses Buches beitrug.

### Das Zeitalter der geographischen Informationssysteme

Im ausklingenden 20. Jahrhundert machten es EDV-Systeme möglich, Daten räumlich in Zusammenhang zu bringen. Erstmals konnte man zwischen den herkömmlichen Datenbanken und Geodaten wie Orthophotos und Geländemodellen einen geographischen

Bezug herstellen. Auch die Dienststellen der ÖBB nutzten diese Möglichkeiten von Anfang an.

Im Jahr 2007 startete der ÖBB-Fachbereich Naturgefahren-Management das Projekt „NGMap – Naturgefahrenhinweiskarte für ÖBB-Bahnstrecken". Ziel war es, einen österreichweiten Überblick über potentielle Naturgefahren, wie Lawinen, Wildbäche und Steinschlag, entlang der Eisenbahnlinien zu schaffen. Investitionen zum Schutz vor Naturereignissen sollten damit priorisiert und planbarer werden. Zu diesem Zwecke wurden auch verfügbare historische Ereignisdaten gesammelt und mit räumlichem Bezug dargestellt.

Die Naturgefahrenkarte setzt sich einerseits aus einer Datenbank und andererseits aus einem Geographischen Informationsystem zusammen. Die naturgefahrenrelevanten Bereiche werden nach betriebsinternen Standards vor Ort qualitativ erhoben und klassifiziert. Durch Aktualisierung von Daten aufgrund von stattgefundenen Ereignissen oder errichteten Schutzverbauungen wird auch die Karte laufend angepasst und online zur Verfügung gestellt. Das Thema Hochwasser wurde im Jahr 2008 in Angriff genommen. Eine ÖBB-Hochwasserrisikokarte ist aktuell in Ausarbeitung und soll auch in die Europäische Hochwasserrichtlinie einfließen..

**Ausblick**

Die sukzessive Einarbeitung von historischen und aktuellen Naturereignissen erlaubt die Darstellung so genannter „Hot spots", also Streckenabschnitten mit besonders hohem Schutzbedarf. Unser Ziel ist es in naher Zukunft, die Daten der Naturgefahrenhinweiskarte mit Prognosen des Wetterwarnsystems INFRA.wetter in Verbindung zu bringen und so gezielte organisatorische Anweisungen zusätzlich zu technischen und forstlichen Schutzmaßnahmen setzen zu können.

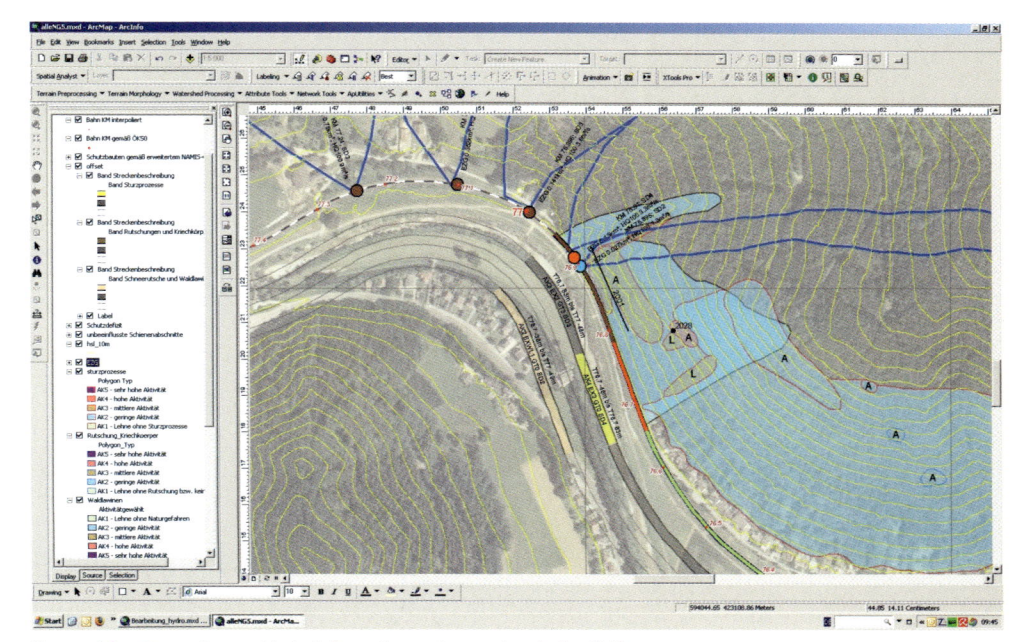

**Naturgefahrenkarte:** Geographische Informationssysteme geben Auskunft über drohende Gefahren für Bahnlinien (Quelle: ÖBB)

**Wetterwarnsystems INFRA.wetter** soll zukünftig mit der Ereignisdokumentation gekoppelt werden (Quelle: ÖBB)

# Naturkatastrophen und Klimawandel

Steigt das Risiko durch alpine Naturkatastrophen an?

Klimawandel bedeutet Veränderung für den Alpenraum. Klimatische Veränderungen traten in der Geschichte der Alpen immer wieder, teils in wesentlich dramatischerem Umfang als heute, auf. Unklar ist jedoch, in welchem Zeitraum sich solche Veränderungen vollziehen und welche Auswirkungen sie für Naturkatastrophen haben. Der Klärung dieser Frage hat sich auch das Projekt AdaptAlp verschrieben.

Der Klimawandel, dessen Existenz inzwischen allgemein anerkannt ist, und seine Auswirkungen sind auf einer wissenschaftlich fundierten Basis zu analysieren. Ein Beispiel dafür sind die regelmäßigen Berichte des IPCC (Intergovernmental Panel on Climate Change) über die Veränderung des globalen Klimas. Auf dieser Grundlage können Maßnahmen des Klimaschutzes sowie Anpassungsstrategien entwickelt werden, um den Auswirkungen des Klimawandels entgegenzuwirken. In jedem Fall – insbesondere im Alpenraum – ist es notwendig, die Mechanismen hinter dem Schlagwort „Klimawandel" zu verstehen.

Klimamodelle sind geeignet, die Veränderung des Weltklimas zu prognostizieren; die Grundlagen für diese Prognosen liefern insbesondere der Bericht des IPCC und andere verfügbare Klimadaten. Für den Alpenraum ist jedoch mit den verfügbaren Modellen noch keine zuverlässige Prognose möglich. Ebenso kann für bestimmte Regionen in den Alpen keine exakte Vorhersage über die Auswirkung der Klimaänderung auf alpine Naturgefahren (Häufigkeit, Intensität) geleistet werden. Denn letztendlich sind Extremwerte und nicht Mittelwerte für das tatsächliche Gefahrenausmaß ausschlaggebend.

Die vorliegenden Klimaszenarien für den Alpenraum lassen vermuten, dass einige Naturgefahren in ihrer Häufigkeit und Intensität zunehmen könnten (siehe Infobox). Die Auswirkung auf einzelne Gefahrenarten sowie das Ausmaß der Zunahme von Häufigkeit und Intensität konkreter Ereignisse kann jedoch kaum prognostiziert werden. Hinzu kommt, dass sämtliche Klimafaktoren einer Saisonalität unterliegen. Zahlreiche Studien belegen, dass bei den Auswirkungen des Klimawandels immer auch die Jahreszeit berücksichtigt werden muss.

Besondere Bedeutung hat die Frage, wie der Klimawandel die Nutzung des alpinen Lebensraums beeinflussen wird. Aller Voraussicht nach wird die Bedrohung durch Naturkatastrophen zunehmen, und zwar nicht nur in jenen Regionen, die bisher schon von Naturgefahren betroffen waren. So könnten zukünftig auch Gebiete in Gefahrenzonen geraten, die bisher als „sicher" galten. Die realen Folgen für die Betroffenen wären gravierend, die Kosten für den Staat (zusätzliche Schutzmaßnahmen, Einschränkungen in der Raumordnung) kaum abschätzbar.

Viele Experten sind der Auffassung, dass die Grenzen des technischen Schutzes erreicht sind und ein Umdenkprozess im Umgang mit Naturgefahren stattfinden muss. Somit erhebt sich die Frage, mit welchen Anpassungsstrategien den Folgen des Klimawandels im Alpenraum begegnet werden kann. Eines der wichtigsten Instrumente ist der Gefahrenzonenplan. Dieser wird zukünftig das zentrale Planungsinstrument für die Raumordnung, das Bau- und Sicherheitswesen in den Alpen darstellen. Eine andere Möglichkeit, künftig Katastrophen wirkungsvoll vorzubeugen, stellen Frühwarnsysteme dar, die auf einer laufenden Beobachtung der Veränderungen im Naturraum (Klima, Geologie, Hydrologie, Vegetation) basieren (Monitoring). Schließlich sind auch die Verbesserung des Gefahrenbewusstseins und die Anpassung des Verhaltens jedes und jeder Einzelnen gefragt, um das Risiko durch Naturkatastrophen auch in einem veränderten Naturraum in tolerierbaren Grenzen zu halten.

**Mögliche Folgen des Klimawandels für Naturgefahren in den Alpen (Ergebnis des Projektes ClimChAlp)** (http://www.climchalp.org)

- **Anstieg der Häufigkeit und Intensität von Hochwasserereignissen,** ausgelöst durch die Zunahme der Winterniederschläge und den gleichzeitigen Anstieg der Schneefallgrenze (höherer Anteil an flüssigem Niederschlag, Schneeschmelze in Kombination mit Starkregen) oder die Zunahme extremer Niederschläge im Sommer (Regen bis in höhere Lagen)
- **Erhöhung des Risikos für Muren, Rutschungen und Steinschlag** durch die Veränderung der Vegetationsbedeckung sowie den Rückgang des Permafrosts und der Gletscher in Hochlagen
- **Anstieg der Lawinengefahr** (Häufigkeit, Reichweite) durch stärkere Schneefälle in mittleren und hohen Lagen
- **Regionale Zunahme von Trockenheit und Perioden extremer Niederwasserstände** (Oberflächengewässer, Grundwasser) im Sommer
- **Erhöhung des Risikos für Waldbrände** durch Verringerung der Sommerniederschläge und Austrocknung des Bodens
- Ein erhöhtes Risiko für Stürme ist zurzeit (noch) nicht nachweisbar
- Ein genereller Trend einer Zunahme von alpinen Naturkatastrophen infolge des Klimawandels kann aus den dokumentierten Ereignissen nicht gesichert abgeleitet werden

**Schöckel/Steiermark: Waldschäden nach Sturm Paula, 27. Jänner 2008** (Quelle: GSvA, Bild vom 24. Februar 2008)

# Informationen für Betroffene

Bereitstellung von Ereignisdaten und Informationen für die Öffentlichkeit durch den Forsttechnischen Dienst für Wildbach- und Lawinenverbauung

Die Information über Ausmaß und Wirkungen von Naturgefahren – womöglich auf eigenem Grund und Boden – ist essentiell für jeden Betroffenen. Sei es zum Schutz von Leib und Leben oder zur Sicherung des eigenen Hab und Gut. Bei naturgefährlichen Prozessen steht dabei immer die eigenverantwortliche Vorsorge an erster Stelle. Wer jedoch die Gefahr nicht kennt, kann auch schwerlich dagegen ankämpfen.

Bei der Dokumentation von schadensrelevanten Ereignissen steht die sachliche Darstellung von Beobachtungen im Sinne einer Beweissicherung im Vordergrund. Für jede Bürgerin und jeden Bürger mit begründetem Interesse muss ein entsprechender Informationszugang geschaffen werden, wobei die Art der Bereitstellung der zum Teil sensiblen Daten einem spekulativen Missbrauch vorbeugen sollten.

Die erste und unmittelbarste Art der sachlichen Informationsvermittlung erfolgt über die Fachleute der Gebietsbauleitungen der Wildbach- und Lawinenverbauung. Deren regionale Zuständigkeit ist gesetzlich geregelt und ist über das Internetportal des Lebensministeriums ersichtlich.

▶ http://www.die.wildbach.lebensministerium.at

Als zweites für die Raumplanung wesentliches Planungsinstrument stehen die Gefahrenzonenpläne der Wildbach- und Lawinenverbauung als gemeindeweise Informationsquelle zur Verfügung. In diesen werden gutachterlich jene Bereiche dargestellt, die als Dauersiedlungsraum aufgrund der Gefahr für Leib und Leben ungeeignet (Rote Zonen = „Bauverbot") oder aufgrund des zu erwartenden Schadens nur stark eingeschränkt (Gelbe Zonen = „Bauen mit Schutzauflagen") nutzbar sind.

Bei der Erstellung der Gefahrenzonenpläne fließen die Erkenntnisse aus der Ereignisdokumentation direkt mit ein. Die Pläne selbst stehen in den örtlichen Gemeinden oder regionalen Gebietsbauleitungen zur Einsichtnahme zur Verfügung. Künftig werden diese auch mittels des digitalen Wildbach- und Lawinenkatasters auf der Geoinformationsplattform des Lebensministeriums als eigene Fachkarte publiziert und bereitgestellt werden.

▶ http://gis.lebensministerium.at

Die Information über einzelne Ereignisse für die Öffentlichkeit erfolgt künftig ebenfalls über diese Internet-Plattform. Nähere Details zu den dort bereitgestellten Einzelmeldungen sind wieder über die zuständigen Gebietsbauleitungen oder die ebenfalls dokumentierenden Partnerinstitutionen eruierbar. Welche dieser Partnerinstitutionen konkret für die Erhebung des jeweiligen Datensatzes verantwortlich zeichnet, ist anhand des 5W-Standards der einzelnen Ereignismeldung erkennbar.

Der interdisziplinäre Fachaustausch von Ereignisdatensätzen erfolgt über ein eignes definiertes Daten-Service im bestehenden **Ereigniskataster der**

**Wildbach- und Lawinenverbauung**. Dieses ist für alle an der gemeinsamen Erfassung und Dokumentation beteiligten Bundes- und Landesinstitutionen zugänglich. Dort können alle Ereignisinformationen über individuell zusammenstellbare räumliche, zeitliche und/oder fachspezifische Filterungen gruppiert und abgefragt werden.

▶ http://naturgefahren.die-wildbach.at

Naturgefahrenereignisse kennen keine politischen Grenzen. Die Kenntnis, was sich wann und wo in welchem Ausmaß und wie häufig ereignet hat, ist nicht nur bundesweit, sondern auch für die von den Folgen überregionaler Hochwässer betroffenen Nachbarländer essentiell.

Um die entsprechenden Ereignisinformationen auch transnational und standardisiert zu kommunizieren, wurde das Internetportal des **Disaster Information System of Alpine Regions** (DIS-ALP) als automatisierte Publikationsplattform eingerichtet. Dieses internationale Portal wurde im Zuge des von der EU geförderten Interreg IIIB Alpine Space Programmes gemeinsam mit verschiedenen Partnerländern des Alpenraumes entwickelt und stellt zusätzlich zu den Ereignisdaten auch einen mehrsprachigen Naturgefahren-Thesaurus für den interessierten Laien bereit.

▶ http://portal.dis-alp.org

Damit stehen verschiedenste Informationsquellen – von der direkten Detailinformation für die betroffene Bevölkerung an den Fachstellen über den fachübergreifenden Datenaustausch bis hin zur internationalen Risikokommunikation – zur Verfügung. Entscheidend für deren Nutzung sind aber Qualität und Vollständigkeit der enthaltenen Informationen. Im Sinne der Ereignisdokumentation ist dies mit Sicherheit auch im Zusammenhang mit Themen wie Eigenvorsorge und Klimawandel eine Herausforderung für die nahe Zukunft.

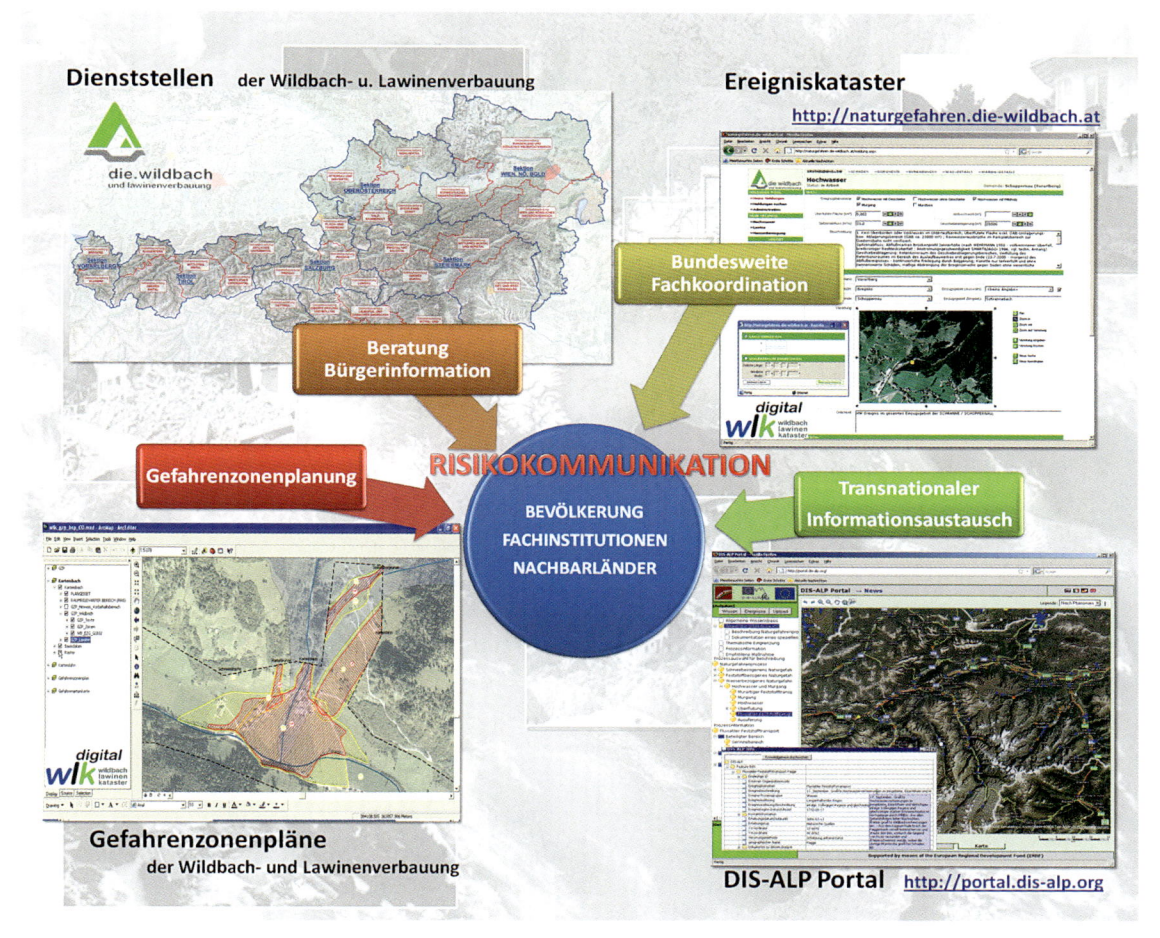

Möglichkeiten zur Bürgerinformation und Bereitstellung von Fachdaten zur Ereignisdokumentation im Rahmen des Forsttechnischen Dienstes für Wildbach- und Lawinenverbauung (Quelle: die.wildbach)

# Monitoring und Prognose von Ereignissen

Methoden und Technologien zur Beobachtung, Prognose und Frühwarnung von gefährlichen Naturprozessen

*Monitoring und Frühwarnsystem am Dristenaubach (Tirol). Mit dieser Anlage wird mittels Ultraschall die Abflusstiefe an der Konsolidierungssperre gemessen. Bei Überschreiten einer gewissen Abflusstiefe wird ein Alarmsignal (per SMS) an die Wildbach- und Lawinenverbauung sowie an die örtliche Gemeinde und Feuerwehr gesendet*
(Quelle: BOKU)

Das Monitoring – also die Beobachtung (Überwachung) – und die Prognose von Prozessen in der Natur sind wichtige Hilfsmittel in der Beurteilung der Gefahrenlage. Gerade im Hinblick auf die frühzeitige Erkennung und Einleitung von Evakuierungs- und Notfallmaßnahmen haben sich Monitoring- und Frühwarnsysteme in vielen Fällen bewährt. Ihr Einsatz wird aufgrund der technischen Weiterentwicklung immer öfter als wertvolle Ergänzung der Maßnahmenpalette im Rahmen eines umfassenden Risikomanagements angesehen.

### Monitoringsysteme

Der Mangel an gesicherten Daten über Vorgänge natürlicher Prozesse in Begleitung von Extremereignissen erschwert die Planung und Ausführung wirksamer und kostenoptimierter Maßnahmen zum Schutz gegen die Auswirkungen von Naturgefahren. Speziell moderne, computergestützte Simulations- und Prognoseverfahren brauchen Daten und Information, um Modelle zu kalibrieren und um Plausibilitätskontrollen vorzunehmen.

Monitoringsysteme schaffen hier durch die systematische Erfassung von Signalen eine geeignete Grundlage. Erfasst werden mit solchen Systemen nicht nur meteorologische und hydrologische Parameter (wie Niederschlag, Abflusstiefe, Sedimenttransportraten, Feuchtegehalt des Bodens etc.), sondern in vielen Fällen auch Bewegungsprozesse an sich, wie sie z. B. bei Rutschhängen, Talzuschüben oder in felssturzgefährdeten Bereichen auftreten. Sie helfen damit, die dynamischen Systeme Boden und Wasserkreislauf zu beschreiben. Die Messdaten können für reine Beobachtungszwecke, zur Ableitung von Grenzwerten oder zur aktiven Steuerung von Prozessen verwendet werden. Die Bestimmung eines Grenzwertes im Messsignal, ab dem eine Warnung ausgelöst wird, ist in vielen Fällen eine größere Herausforderung als die Aufzeichnung der Werte an sich. Dies resultiert meist aus dem Umstand, dass solche Grenzwerte immer in Relation mit bereits vorhandenen Daten und deren Interpretationsmöglichkeiten für den jeweiligen Standort gesetzt werden müssen. Es ist also Erfahrung notwendig, um zu erkennen, ab wann z. B. eine gewisse Niederschlagshöhe den Abflusspegel eines Wildbaches stark ansteigen lässt.

**Abflussmessstelle des BFW** am Oselitzenbach in Kärnten (Quelle: BFW)

**Klimamessstation zur Erfassung meteorologischer Parameter** (z. B. Niederschlag, Temperatur, Sonneneinstrahlung etc.) am Gradenbach, Kärnten (Quelle: BFW)

Viele Monitoringsysteme zeichnen überwiegend „kontaktfrei" auf, das bedeutet, dass die Sensoren außerhalb des zu beobachtenden Mediums angeordnet sind. In Wildbächen beispielsweise werden Abflusstiefen mittels Ultraschall oder Radar gemessen. Schwingungen im Boden (als typisches Zeichen für einen Murgang oder eine Lawine) können durch Geophone und Barometer erfasst werden. Monitoringsysteme werden sowohl vom BFW (z. B. am Gradenbach in Kärnten zum Studium des dortigen Talzuschubs) als auch der BOKU (z. B. am Lattenbach in Tirol) eingesetzt. Verstärkt werden in den letzten Jahren aber auch Systeme installiert, die es ermöglichen sollen, Vorgänge, die im Untergrund (Boden und Gebirge) ablaufen, direkt zu erfassen. Dazu müssen die Sensoren über Bohrungen in der Bewegungsmasse installiert werden (automatische Inklinometer, Time Domain Reflectometry [TDR, ein Messverfahren mit dessen Hilfe die Materialfeuchte eines Stoffes bestimmt werden kann], Temperatursensoren, Wasserdruckmesser; Aufnehmer für das natürliche elektrische Potential …) oder es werden über geophysikalische Messverfahren (Geoelektrik, Seismik, Nuklear-Magnetische-Resonanz Verfahren [NMR, ermöglichen die direkte Bestimmung des Wassergehaltes und hydraulischer Parameter des Bodens und Untergrunds]) Informationen über tiefere Bereiche der Rutschmasse abgeleitet. Solche Monitoringsysteme wurden in den letzten Jahren im Rahmen einer Zusammenarbeit zwischen Wildbach- und Lawinenverbauung und Geologischer Bundesanstalt auf der Rutschung Rindberg/Sibratsgfäll entwickelt und getestet und werden derzeit routinemäßig im Gschliefgraben eingesetzt.

**Installation eines innovativen Multiparameter-Messsystems,** bestehend aus einem automatischen Inklinometer (tiefenabhängige Aufzeichnung der Bodenbewegung) sowie geophysikalischen und hydrologischen Messsonden, in einem Bohrloch in der Erd- und Schuttstrommasse des Gschliefgrabens, Oberösterreich (Quelle: GBA)

### Frühwarnsysteme
Frühwarnsysteme sind technische Einrichtungen, die geeignet sind, gefährliche Prozesse zu erkennen und automatisch eine Warnmeldung auszulösen. Dadurch soll ermöglicht werden, rechtzeitig geeignete Maßnahmen zur Schadensvermeidung bzw. Schadensverringerung zu ergreifen. Aufgrund des überwiegend schnellen Ablaufes von Prozessen in alpinen Gebieten sind hier besondere technische Anforderungen notwendig, um eine ausreichend lange Vorwarnzeit zu gewährleisten. Moderne Frühwarnsysteme versuchen daher, gefährliche Prozesse im Vorfeld eines potenziellen Ereignisses – also schon zur Zeit ihrer Entstehung – zu erkennen und bei Überschreitung eines Grenzwertes Alarmmeldungen abzusetzen. Verbunden damit sind schwierige äußere Bedingungen (Stromversorgung, Datenübertragung, Wartung), worunter die Zuverlässigkeit der Daten leiden kann. Modernste Frühwarnsysteme im alpinen Bereich sind derzeit am Wartschenbach (Nußdorf/Debant, Osttirol) und am Dristenaubach (Pertisau am Achensee, Tirol) zu finden; beide werden von der BOKU in Zusammenarbeit mit der WLV betrieben. Im Kernbereich der Massenbewegung Gschliefgraben wurde kürzlich in Kooperation von GBA und WLV ein innovatives Multiparameter-System zur Überwachung der Vorgänge im Untergrund installiert. Dieses besteht aus einer Kombination eines automatischen Inklinometers (tiefenabhängige Aufzeichnung der Bodenbewegung) mit geoelektrischen und hydrologischen Messparametern.

### Mobiles Warnsystem
Im Schutz vor Naturgefahren ist in manchen Fällen eine hohe Flexibilität gefragt, insbesondere wenn im Akutfall die temporäre Absicherung von gefährdeten Gebieten erforderlich ist. Für diesen Zweck wurde im Auftrag der Wildbach- und Lawinenverbauung das mobile Warnsystem MOSES entwickelt. Der Einsatz von MOSES (Mobiles Mess- und Warnsystem der Wildbachverbauung) dient zur Frühwarnung vor Hangrutschungen und Steinschlag. MOSES leistet einen wichtigen Beitrag zum Arbeitnehmerschutz (Sicherung des Arbeitsbereichs), kann aber auch im Katastropheneinsatz oder zur vorübergehenden Absicherung von Gefährdungsbereichen eingesetzt werden.

**Das mobile Warnsystem MOSES** (Quelle: die.wildbach)

# Schlussfolgerungen aus der Analyse von Naturkatastrophen

Welche Lehren gezogen werden können und wer davon profitiert

Die in diesem Buch dargestellten Naturkatastrophen zeigen eindrucksvoll, welche Informationen aus der Analyse der dokumentierten Ereignisse gezogen werden können. Daran knüpft die Frage an, welche Schlussfolgerungen aus den Daten und Analyseergebnissen abgeleitet werden können?

Eine der naheliegendsten Schlussfolgerungen ist, dass dokumentierte Naturkatastrophen das beste Beweismittel darstellen, um Betroffene von drohenden Gefahren zu überzeugen. Wer würde daran zweifeln, dass eine Katastrophe an jener Stelle wieder eintreten kann, an der sie nachweislich bereits aufgetreten ist? Bilder vergangener Katastrophen erzeugen Betroffenheit, planliche Darstellungen bilden den Sachbeweis.

Wenn das Risikobewusstsein der Bevölkerung erfolgreich hergestellt ist, liegt die Frage nach dem richtigen (gefahrenangepassten) Verhalten nahe. Aus dem Ablauf von Naturkatastrophen kann man umfangreiche Schlüsse für die Verhaltensvorsorge ziehen: Welche Bereiche sind sicher? Wie ist im Katastrophenfall vorzugehen? Wo liegen die Fluchtwege? Welche Risiken drohen innerhalb und außerhalb von Gebäuden?

Diese Schlussfolgerungen helfen nicht nur den einzelnen Betroffenen, sondern sind auch für Katastrophenschutzbehörden und Einsatzorganisationen von höchstem Wert. Reale Ereignisse bieten den Entscheidungsträgern die beste Grundlage, die Katastropheneinsatzplanung auf den Ernstfall abzustimmen.

Die Natur steckt voller Überraschungen. Kein Ereignis gleicht dem anderen, jede Katastrophe läuft anders ab. Gefahrenzonenpläne sollen die Ausdehnung der bedrohten Gebiete möglichst exakt vorhersagen, die zugrunde liegenden Modelle und Kartierung sind jedoch nur so gut wie die Hinweise, die die Natur liefert. Der beste Anhaltspunkt ist die Dokumentation von Zeugnissen vergangener Katastrophen („Stumme Zeugen".)

Wenn man eine Prognose über den Eintrittszeitpunkt, die Intensität oder Dauer eines Naturereignisses machen will, benötigt man Daten vergangener Ereignisse, je mehr und je genauer, desto besser. Die Zuverlässigkeit einer Prognose hängt daher von der Qualität der Daten und der Beobachtungsdauer ab. Insbesondere bei meteorologischen und hydrologischen Daten ist heute jedoch unklar, wie weit die Beobachtungen vergangener Ereignisse aufgrund der Klimaveränderung von zukünftigen Ereignissen abweichen werden.

Ein Ziel des Projektes AdaptAlp ist es, Datenreihen über historische Naturkatastrophen zu verdichten und darzustellen. Mit diesem Buch wird ein Beitrag zur Verbreitung des Wissens in der Öffentlichkeit geleistet.

Historische Daten und Zeugnisse aus der Natur fügen sich zur Chronik zusammen, die zukünftig auch einen Ausblick auf die klimabedingten Veränderungen des Naturkatastrophen-Risikos erlauben.

# Katastrophen durch Hochwasser- und Murereignisse

| Jahr | Bundesland | Gemeinde/Region | Einzugsgebiet | Personenschäden | Gebäudeschäden | Anmerkung | Seite |
|---|---|---|---|---|---|---|---|
| 1347 | T | Matrei in Osttirol | Bretterwandbach | k. A. | k. A. | Ort fast völlig zerstört | 42 |
| 1553 | T | Schwaz | Lahnbach | 70 | k. A. | | |
| 1569 | Sbg | Bad Hofgastein | Rastöstzenbach | 147 | 52 | | 42 |
| 1569 | T | Schwaz | Lahnbach | 70 | k. A. | | |
| 1579 | NÖ | Senftenberg | Steinbach | | zahlreiche | | |
| 1600 | T | Ötztal | Ötztaler Ache – Eisseeausbruch Vernagtferner | k. A. | zahlreiche | weitere Gletscherseeausbrüche 1678 und 1680 | |
| 1660 | K | St. Andrä/Lavanttal | Gemmersdorferbach | mehrere | zahlreiche | | 21 |
| 1669 | T | Schwaz | Lahnbach | 42 | 166 | | |
| 1702 | V | Wolfurt | Rickenbach | | zahlreiche | | |
| 1737 | Sbg | Zell am See | Schmittenbach | zahlreiche | zahlreiche | ein Großteil des Ortes zerstört | 43 |
| 1749 | T | Umhausen | Murbach | 9 | 80 | | |
| 1750 | T | Götzens | Geroldsbach | | 20 | | |
| 1762 | V | Hinteres Montafon | Valschavielbach, Tranosabach, Suggadinbach | | ca. 30 | | |
| 1762 | Stmk | Gußwerk | Aschbach/Rotsohlbach | | zahlreiche | | |
| 1764 | V | Vandans | Vensertobel, Rellsbach, Mustrigielbach | | ca. 20 | | |
| 1770 | V | Gaschurn | Tschambreutobel | 9 | 3 | | |
| 1781 | T | Kaltenbach | Riedbach | 2 | 4 | | |
| 1782 | T | Götzens | Geroldsbach | 4 | 22 | | |
| 1807 | T | Fulpmes, Telfes im Stubai | Schlickerbach | 1 | zahlreiche | | |
| 1810 | K | Kirchbach | Waideggerbach | 8 | zahlreiche | | |
| 1813 | Stmk | Kalwang | Teichenbach | | zahlreiche | | |
| 1817 | T | Inzing | Enterbach | | 45 | | |
| 1829 | K | Steindorf am Ossiacher See | Klebensteinerbach | 3 | zahlreiche | | |
| 1845 | T | Sölden | Venter Ache | | zahlreiche | | |
| 1848 | K | Berg im Drautal | Bergerbach | 8 | 9 | | |

| Jahr | Bundes-land | Gemeinde/Region | Einzugsgebiet | Personen-schäden | Gebäude-schäden | Anmerkung | Seite |
|---|---|---|---|---|---|---|---|
| 1848 | K | Steinfeld | Gragraben (Rottensteinerbach) | | 32 | | |
| 1851 | K | Drautal, Oberkärnten | zahlreiche Einzugsgebiete | zahlreiche | zahlreiche | zahlreiche Erdrutsche und Vermurungen | 43 |
| 1876 | T | Vals | Valserbach | 3 | 6 | | |
| 1880 | Stmk | Aich | Seewigtalbach | | 13 | | |
| 1881 | T | Götzens | Geroldsbach | | 20 | | |
| 1882 | K, T | Südtirol, Osttirol, Oberkärnten | Südtirol, Osttirol, Kärnten | zahlreiche | zahlreiche | Geburtsstunde der Wildbachverbauung | 46 |
| 1882 | K | Flattach im Mölltal | Klausenkofelbach | k. A. | k. A. | Murgang verwüstet das Mölltal | 46 |
| 1885 | V | Bürserberg | Schesa | | | Murgang und Ausbruch der Ill | 43 |
| 1893 | T | Alpbach | Alpbach | 4 | zahlreiche | | |
| 1895 | NÖ | Spitz an der Donau | Spitzerbach | 16 | zahlreiche | | |
| 1897 | OÖ | Ebensee | Langbathbach | | zahlreiche | | 48 |
| 1897 | NÖ | Türnitz | Türnitzer Traisen | | zahlreiche | | |
| 1899 | OÖ | Ebensee | Langbathbach | | 36 | Salinenbetrieb eingestellt | 48 |
| 1907 | Stmk | Trieben | Triebenbach | | zahlreiche | Ort komplett vermurt | 48 |
| 1907 | Stmk | Kalwang | Teichenbach | | zahlreiche | Ort komplett vermurt | 49 |
| 1908 | T | Götzens | Geroldsbach | | 22 | | |
| 1908 | T | Hart im Zillertal | Haselbach | 9 | zahlreiche | | |
| 1908 | NÖ | Gars am Kamp | Stiefernbach | | zahlreiche | | |
| 1910 | V | Vandans | Rellsbach | | 115 | in ganz Vorarlberg Schäden in der Höhe von 8,75 Mio. Kr | 49 |
| 1916 | K | Feldkirchen | Roggbach/Kreuzerbach | 2 | zahlreiche | | |
| 1920 | Stmk | Aich | Seewigtalbach | | 17 | | |
| 1926 | V | Schoppernau | Schrecksbach u. Schrannebach | | zahlreiche | | 57 |
| 1933 | V | Vandans | Mustrigielbach | 9 | 17 | | |
| 1938 | Stmk | Trieben | Triebenbach | | 13 | | |
| 1940 | T | Kitzbühel | Gänsbach | | 40 | | |
| 1944 | NÖ | Aggsbach | Endlingbach | | zahlreiche | | |
| 1945 | T | Virgen | Nilbach | 4 | zahlreiche | | |
| 1947 | Sbg | Pfarrwerfen | Reichhofgraben | 3 | 14 | | |
| 1952 | K | Malta | Schrimbach (Maltabergbach) | | 29 | | |

| Jahr | Bundes-land | Gemeinde/Region | Einzugsgebiet | Personen-schäden | Gebäude-schäden | Anmerkung | Seite |
|---|---|---|---|---|---|---|---|
| 1955 | OÖ | Gmunden | Wasserloser Bach | 9 | zahlreiche | | |
| 1958 | Stmk | Region Fischbacher Alpen | zahlreiche Einzugsgebiete | 11 | zahlreiche | Kindberg, Allerheiligen, Stanzertal, Breitenau | 56–57 |
| 1958 | K | Region Millstättersee | zahlreiche Einzugsgebiete | 6 | 83 | Riegenbach, Pesentheiner-bach, Lammersdorferbach | 56–57 |
| 1958 | K | Radenthein | Laufenbergerbach | | 48 | | |
| 1959 | Sbg | Krimml | Notdurferbach | 1 | k. A. | | |
| 1959 | Sbg | Lofer | Moosbach | 1 | k. A. | | |
| 1959 | Sbg | Hüttau | Fritzbach | | zahlreiche | | |
| 1959 | Stmk | Krieglach | Wassertalbach | | 101 | | |
| 1959 | NÖ | Pielachtal | Deutschbach, Tradigistbach | | zahlreiche | | |
| 1965 | K, T | Osttirol, Oberkärnten | zahlreiche Einzugsgebiete | 64 | zahlreiche | weiteres Ereignis: 1966 | 58–59 |
| 1965 | K | Großkirchheim | Gradenbach | | 15 | Anlass zur Gründung der Internationalen Forschungsgesellschaft INTERPRAEVENT, Verwü-stung des Weiler Purtschall | 59 |
| 1965 | T | Wattenberg | Wattenbach | | 156 | | |
| 1965 | T | Pettneu am Arlberg | Gridlontobel | | 40 | 4 Häuser und 6 Ställe zerstört | |
| 1966 | Sbg | Hüttschlag | Großarler Ache | | zahlreiche | | |
| 1966 | T | Prägraten am Großvene-diger | Timmelbach | | 22 | | |
| 1966 | T | Aßling | Kristeinbach | 10 | 2 | | |
| 1967 | Sbg | Muhr | Mur-Watschergraben | | zahlreiche | | |
| 1967 | T | Kitzbühel | Ehrenbach | | 60 | | |
| 1969 | T | Inzing | Enterbach | 3 | 30 | Vermurung des gesamten Schwemmkegels | 62–63 |
| 1970 | Sbg | Niedernsill | Niedersiller Mühlbach | 3 | zahlreiche | weiteres Ereignis 1971 | |
| 1970 | NÖ | Grafenwörth | Feuersbrunner Lößgräben | | zahlreiche | | |
| 1974 | NÖ | Traismauer | Wagramer Lößgräben | | zahlreiche | | |
| 1975 | T | Brixen im Thale | Brixenbach | | 30 | | |
| 1978 | NÖ | Randegg | Schliefau | | zahlreiche | | |
| 1980 | Sbg | Bruck an der Großglockner-straße | Niederhofgraben, Staudachgraben | | 31 | | |
| 1982 | K | St. Georgen im Lavanttal | Rainzerbach | 1 | zahlreiche | | |
| 1983 | V | Bludenz | Mühlebach-Winkeltobel-Partellstobel | | 27 | | |

| Jahr | Bundesland | Gemeinde/Region | Einzugsgebiet | Personenschäden | Gebäudeschäden | Anmerkung | Seite |
|---|---|---|---|---|---|---|---|
| 1983 | K | Baldramsdorf | Gendorferbach (Gendorfer Mühlbach), Schreigraben (Schüttbach), Zörbach | 4 | 39 | | 67 |
| 1987 | Sbg | Sankt Martin am Tennengebirge | Lammer-Karbach | | zahlreiche | | |
| 1987 | Sbg | Saalbach-Hinterglemm | Löhnersbach, Schwarzachergraben | | zahlreiche | | 67 |
| 1987 | OÖ | Steinbach an der Steyr | Forstaubach (Rutzelbach) | | 12 | | |
| 1987 | T | Neustift im Stubai | Ruetzbach | | 7 | | |
| 1989 | NÖ | Kirchberg | Molzbach | | zahlreiche | | |
| 1990 | T | Pettneu am Arlberg | Schnannerbach | | 14 | | |
| 1991 | Stmk | Södingberg | Zubringer-Södingbach (Almgraben) | | 75 | | |
| 1991 | NÖ | Ybbsitz | Schwarze Ois | 2 | zahlreiche | | |
| 1991 | NÖ | Brand-Laaben | Hochberggraben | | zahlreiche | | |
| 1993 | K | Steinfeld | Gerlamoosbach | | zahlreiche | | |
| 1994 | T | Wörgl | Wörglerbach | | 364 | | |
| 1995 | T | Nußdorf-Debant | Wartschenbach | | 16 | zwei weitere Ereignisse 1997 | 68–69 |
| 1995 | Stmk | Voitsberg, Edelschrott, Hirschegg | Teigitsch, Gößnitzbach | 1 | 20 | | 89–90 |
| 1995 | V | Innerbraz | Masonbach | 3 | | Zug von Mure mitgerissen | |
| 1995 | T | Nußdorf-Debant, Gaimberg und Lienz | Wartschenbach | | 24 | | |
| 1995 | NÖ | Kirchberg/W. | Molzbach | 1 | mehrere | | |
| 1995 | NÖ | Kirchberg/W. | Molzbach | 1 | mehrere | | |
| 1997 | OÖ | Hinterstoder | Loigisbach | | 11 | | |
| 1997 | T | Nußdorf-Debant, Gaimberg und Lienz | Wartschenbach | | 24 | | |
| 1997 | NÖ | Region Wienerwald | Klingfurtherbach, Lengbach, Dürre Liesing | | zahlreiche | | |
| 1998 | Bgld | Kemeten | Waldbach | | zahlreiche | | |
| 1999 | NÖ | Warth, Scheiblingkirchen, Grimmenstein, Feistritz | Hassbach, Höllgraben, Reifbach, Zottelhofgraben, Grottendorferbach | | zahlreiche | zahlreiche seichtgründige Hangrutschungen | 68–69 |
| 2000 | V | Hohenems | Pelzreutebach | | 25 | | |
| 2001 | Sbg | Tamsweg | Stampferbachl | | 7 | | |
| 2001 | OÖ | Micheldorf in Oberösterreich | Krems Oberlauf-Hinterburgbach | | 15 | | |
| 2002 | S, OÖ, NÖ | 171 Gemeinden | zahlreiche Einzugsgebiete | 9 | zahlreiche | größte Hochwasserkatastrophe historischer Zeit | |

| Jahr | Bundes-land | Gemeinde/Region | Einzugsgebiet | Personen-schäden | Gebäude-schäden | Anmerkung | Seite |
|---|---|---|---|---|---|---|---|
| 2002 | Sbg | Thalgau | Brunn- und Plainfeldbach | | zahlreiche | | |
| 2002 | OÖ | Edlbach | Dambach | | 16 | | |
| 2002 | NÖ | Furth an der Triesting | Further Bach | 1 | zahlreiche | | |
| 2003 | K | St. Stefan im Gailtal | Vorderbergerbach | | zahlreiche | | |
| 2005 | Stmk, T, V | zahlreiche Gemeinden | 175 Wildbachereignisse | 1 | 262 | Hauptschadensgebiete: Paznauntal, Bregenzerwald, Stanzertal | 78–83 |
| 2005 | V | Reuthe | Bizauerbach | | 10 | | |
| 2005 | V | Schnepfau | Höllbach | | 18 | | |
| 2005 | Sbg | Bad Hofgastein | Gadaunerbach | | zahlreiche | | |
| 2005 | OÖ | Laussa | Pechgraben | | 20 | | |
| 2005 | T | Pfunds | Stubenbach | | 57 | | |
| 2005 | T | Pettneu am Arlberg | Schnannerbach | | 12 | | |
| 2009 | Stmk, NÖ, OÖ, Sbg | Alpenvorland, Süd-Ost-Steiermark, Weststeiermark | zahlreiche Einzugsgebiete | | zahlreiche | | 88–90 |
| 2009 | NÖ | Spitz an der Donau | Spitzerbach | 1 | zahlreiche | | |

# Katastrophen durch Lawinenereignisse

| Jahr | Bundes-land | Gemeinde/Region | Einzugsgebiet | Personen-schäden | Gebäude-schäden | Anmerkung | Seite |
|---|---|---|---|---|---|---|---|
| 1456 | T | Lähn | Wiestal Lawine | 22 | zahlreiche | | |
| 1497 | V | Blons | Hüggenlawine | 10 | 32 | | |
| 1556 | V | Mittelberg | Heimlawine | 9 | k. A. | | |
| 1570 | V | Mittelberg | Hillbrand-Lawine od. Zaferna-Alpenrose-Lawine | 6 | k. A. | | |
| 1613 | T | Galtür | Innere Wasserleiter Lawine | 4 | 1 | | |
| 1682 | Stmk | Vordernberg | Dirninggrabenlawine | mehrere | 7 | | |
| 1682 | T | Galtür | diverse Lawinen | 5 | zahlreiche | | |
| 1689 | V | Montafon, Außerfern, Paznauntal | Lawinenwinter | 130 | 119 | | 42–43 |
| 1689 | T | Bichlbach | Wiestallawine | 21 | 11 | | 43 |
| 1689 | T | Bach | Plattiglawine (Mauriglawine) | 25 | 1 | | |
| 1689 | T | Stans | Stanerjochlawine | 25 | zahlreiche | | |
| 1689 | T | Neustift im Stubai | Bachertal Lawine | 9 | zahlreiche | | |
| 1689 | T | Lähn | Wiestal Lawine | 21 | 11 | | |
| 1689 | T | Ischgl | Pleissen Lawine | 11 | zahlreiche | | |
| 1689 | T | Galtür | diverse Lawinen | 28 | zahlreiche | | |
| 1689 | T | Kappl | Flung-Lawine | 7 | | | |
| 1717 | V | Blons | Mont-Calv-Lawine | 11 | 8 | | |
| 1737 | V | Klösterle/Stuben | Erzberg-Lawine, Himmelegg-Lawine, Gofre-Lawine | 14 | 5 | | |
| 1797 | T | Kappl | Moosbach Lawine | 17 | zahlreiche | | |
| 1807 | V | Klösterle | Bomgartlawine | 16 | k. A. | | |
| 1807 | V | Klösterle/Stuben | Grätatobel-Lawine, Langwies-Lawine, Bomgart-Lawine, Gatei-Lawine | 16 | 4 | | |
| 1808 | V | Thüringerberg | Thüringerberglawine | 10 | 2 | | |
| 1817 | V | Lech | Kriegerhorn-Südwesthang-Lawine | 11 | 4 | | |
| 1817 | V | St. Gallenkirch | Rütti-Lawine | 6 | 1 | | |

| Jahr | Bundesland | Gemeinde/Region | Einzugsgebiet | Personenschäden | Gebäudeschäden | Anmerkung | Seite |
|---|---|---|---|---|---|---|---|
| 1835 | T | Galtür | Predigtberg Lawinen | 6 | 1 | | |
| 1878 | NÖ | St. Ägyd am Neuwald | Lahnsattellawine | | zahlreiche | größter dokumentierter Lawinenabgang in NÖ | |
| 1888 | V | Langen am Arlberg | mehrere Lawinen | 3 | zahlreiche | Bahnhof Langen zerstört | 50–51 |
| 1907 | V | Mittelberg | Hillbrand-Lawine | 11 | 2 | | |
| 1909 | Sbg | Bad Gastein/Böckstein | Thomaseck-Lawine | 26 | | größtes Lawinenunglück der Bahngeschichte | 51 |
| 1924 | Stmk | Hieflau, Vordernberg | Tamischbachturmlawine, Kruckengrabenlawine | 9 | zahlreiche | Bahnhof Hieflau verschüttet | 51 |
| 1935 | V | St. Gallenkirch | Alptobellawine | 5 | 2 | | |
| 1935 | T | Innsbruck | Arzleralmlawine | | 4 | | |
| 1935 | T | Fügenberg | Schellenberglawine | | 37 | | |
| 1951 | T, K, Sbg | zahlreiche Gemeinden | Lawinenwinter 1950/51 | 135 | 200 | | 52 |
| 1951 | K | Heiligenblut | Lawine Heiligenblut | 12 | 36 | | 52–53 |
| 1951 | Sbg | Bad Gastein | Ölbrennerlawine | 14 | 4 | | |
| 1951 | T | Häselgehr | Heuberglawinen-Untergrießau Lawine | | 22 | | |
| 1951 | T | Hippach | Lawine Schwendberg | 10 | 65 | | |
| 1951 | T | Schmirn | Schmirn Lawinen | 5 | 10 | | |
| 1952 | V | Mittelberg | Melköde-Lawine | 20 | k. A. | | |
| 1952 | V | Klösterle | Äußere Passürtobel-Arlensatz.Lawine | 24 | k. A. | Postbus von Lawine erfaßt | |
| 1954 | V | zahlreiche Gemeinden | Lawinenwinter 1953/54 | 143 | 500 | Hauptschadensgebiet: Montafon, Großes Walsertal | 53–54 |
| 1954 | V | Gr. Walsertal | 46 Lawinen | 83 | 143 | Gemeinde Blons am stärksten betroffen: Huggenlawine (34 Tote), Mont-Calv-Lawine (22 Tote) | 54 |
| 1954 | V | Montafon | zahlreiche Lawinen | 29 | 73 | | |
| 1954 | V | Bregenzerwald | zahlreiche Lawinen | 13 | 56 | | |
| 1954 | V | Arlbergbahn, Dalaas | mehrere Lawinen | 11 | mehrere | Bahnhof Dalaas, Gasthof Paradies zerstört | 55 |
| 1970 | T | St. Sigmund | Paida Lawine | 4 | 2 | | |
| 1975 | K | Mallnitz, Bad Bleiberg | mehrere Lawinen | 8 | mehrere | Zerstörung einer Feriensiedlung in Mallnitz | 64–65 |
| 1988 | T | St. Anton am Arlberg | Wolfsgrubenlawine | 7 | 30 | Bundesstraße und Arlbergbahn verschüttet | 67 |

| Jahr | Bundes-land | Gemeinde/Region | Einzugsgebiet | Personen-schäden | Gebäude-schäden | Anmerkung | Seite |
|---|---|---|---|---|---|---|---|
| 1999 | T, V | Bezirke Landeck, Imst, Reutte, Bludenz, Feldkirch, Dornbirn, Bregenz | Lawinenwinter 1998/99 | | | 12.000 Menschen per Hubschruber aus dem Paznauntal ausgeflogen, insgesamt 300 Lawinen | 70–71 |
| 1999 | T | Galtür | Äußere Wasserleiter/Weiße Riefe Lawine | 31 | ca. 85 | | 70–71 |
| 1999 | T | Ischgl | Innere Riefenbach-Lawine | 7 | 13 | | |
| 2009 | T, Slbg, Stmk | Nordalpen | zahlreiche Lawinen | | zahlreiche | | |

# Katastrophen durch Massenbewegungen

| Jahr | Bundes-land | Gemeinde/Region | Einzugsgebiet | Opfer | Gebäude-schäden | Anmerkung | siehe Seite |
|---|---|---|---|---|---|---|---|
| präh. | OÖ | Almtal | Bergsturz Almtal | | | vor 19.000 und 15.600±1100 Jahren | |
| präh. | T | Längenfeld/Ötztal | Köfels-Bergsturz | | | vor 9.800 (frühes Holozän) | 40–41 |
| präh. | T | Nassereith/Biberwier | Fernpaß-Bergsturz | | | vor ca. 4.100 ±1300 Jahren | |
| 800 v. Chr. | T | Roppen/Imst | Tschirgant-Bergsturz | | | vor ca. 2.800 Jahren | 40–41 |
| 1348 | K | Arnoldstein | Dobratsch-Bergsturz | | | mehrere Siedlungen überflutet | 44–45 |
| 1669 | Sbg | Stadt Salzburg | Felssturz Mönchsberg | 250 | 16 | Kloster, Kirche St. Markus und 13 Wohnhäuser verschüttet | 45 |
| 1730 | V | Sibratsgfäll | Rutschung Scheibladegg | | 14 | | |
| 1734 | OÖ | Gmunden | Gschliefgraben | | 10 | | |
| 1884 | V | Bezau | Rutschung Sonderdach | | 13 | | |
| 1953 | OÖ | Schörfling am Attersee | Jägermaisrutschung | | | Atterseebundesstraße mehrfach zerstört | 57 |
| 1958 | Stmk | Breitenau/Hochlantsch | zahlreiche Rutschungen | 1 | ca. 20 | | |
| 1965 | K | Großkirchheim | Talzuschub Gradenbach | | 15 | | 60–61 |
| 1965 | T | Pettneu am Arlberg | Gridlontobel | | 66 | | |
| 1999 | V | Sibratsgfäll | Rutschung Rindberg | | 19 | | 72–73 |
| 1999 | T | Längenfeld | Felssturz Huben | | | Sägewerk zerstört | 75 |
| 1999 | T | Schwaz | Felssturz Eiblschrofen | | | 58 Häuser und 16 Betriebe evakuiert | 74–75 |
| 2005 | Stmk | Gasen, Haslau | 250 Rutschungen, Hangmuren | 2 | 25 | | 78–79 |
| 1999 | T | Schönwies | Starkenbach | | | ca. 1 Mio. m³ Material | 81 |
| 2007 | OÖ | Gmunden | Rutschung Gschliefgraben | | | 55 Anwesen (ca. 100 Personen) evakuiert | 84–85 |
| 2009 | NÖ | Walpersbach | Klingfurtherbach | | 22 | zahlreiche Hangrutschungen | |

# Literaturhinweise

*Andrecs*, Analyse und statistische Auswertung von Hochwassermeldungen 1972–1993, Grundlage für die Bewertung von Gefährdung durch Wildbäche, Mitteilungen der Forstlichen Bundesversuchsanstalt 170, 1996.

*Andrecs, Hagen, Lang, Stary, Gartner, Herzberger, Riedel, Haiden*, Dokumentation und Analyse der Schadensereignisse 2005 in den Gemeinden Gasen und Haslau (Steiermark), BFW-Dokumentation 6, 2007.

*Aulitzky*, Der Enterbach (Inzing in Tirol) am 26. Juli 1969: Versuch der Analyse eines Murgangs als Grundlage für die Neuerstellung einer zerstörten Wildbachverbauung, Wildbach- und Lawinenverbau, 34. Jahrgang, Heft 1, 1970, 31.

*Bundesministerium für Land- und Forstwirtschaft*, 100 Jahre Wildbachverbauung in Österreich, 1884–1984, Wien 1984.

*Bundesministerium für Land- und Forstwirtschaft, Umwelt und Wasserwirtschaft (BMLFUW)*, FLOOD RISK – Analyse der Hochwasserereignisse vom August 2002 (Synthesebericht), Wien 2004.

*Bundesministerium für Land- und Forstwirtschaft, Umwelt und Wasserwirtschaft (BMLFUW)*, Hochwasserschutz in Österreich, 1. Aufl., Wien 2006.

*Bundesministerium für Land- und Forstwirtschaft, Umwelt und Wasserwirtschaft (BMLFUW)*, Hochwasser 2005 – Ereignisdokumentation der Bundeswasserbauverwaltung, des Forsttechnischen Dienstes für Wildbach- und Lawinenverbauung und des Hydrographischen Dienstes, Wien 2006.

*Bundesministerium für Land- und Forstwirtschaft, Umwelt und Wasserwirtschaft (BMLFUW)*, Ereignisdokumentation Lawinen 2009 – Bericht über die Lawinenereignisse im Februar und März 2009 in Österreich, 2009.

*Duile*, Ueber Verbauung der Wildbäche in Gebirgs-Ländern vorzüglich in der Provinz Tirol und Vorarlberg, 2. Auflage, Innsbruck 1834.

*Flaig*, Der Lawinen-Franzjosef – Chronik der Lawinenkunde und -katastrophen; 32. Jahresausgabe der Gesellschaft Alpiner Bücherfreunde, München 1941.

*Flegentreff/Glade* (Hrsg), Naturrisiken und Sozialkatastrophen, Spektrum Akademischer Verlag, (Springer Verlag) Berlin Heidelberg 2008.

*Habersack/Moser*, Ereignisdokumentation Hochwasser August 2002, ZENAR/Plattform Hochwasser, Universität für Bodenkultur Wien 2004.

*Hafner*, Steirischer Wald in Geschichte und Gegenwart, Österreichischer Agrarverlag Wien 1972.

*Haid*, Mythos Lawine: Eine Kulturgeschichte, Studienverlag Innsbruck 2007.

*Hauser, Anderle, Heinz, Plöchinger, Schmid, Schönlaub*, Geologische Karte der Republik Österreich Blatt 200 Arnoldstein im Maßstab 1:50.000, mit Erläuterungen, Wien (Geologische Bundesanstalt), 1982.

*Hübl, Pichler, Scherz*, Schutzwasserbauliches Gesamtkonzept für die Unterläufe des Wartschenbaches, Dorfbaches und Zwieslingbaches, WLS-Report 49 Endbericht, im Auftrag des BMLFUW VC7 und des Amtes der Tiroler Landesregierung/Wasserwirtschaft, 2000.

*Hübl, Steinwendtner*, Grundlage zum Risikomanagement bei Hochwasserereignissen im Talraum Haßbach: Dokumentation. WLS Report 54 Band 1, im Auftrag der WLV Gbltg. Burgenland und südliches Niederösterreich, 2000.

*Intergovernmental Panel on Climate Change (IPCC)*, Climate Change 2007: The Physical Science Basis, Contribution of Working Group I to the Fourth Assessment Report of the Intergovernmental Panel on Climate Change, Cambridge University Press 2007.

*K. k. Ackerbau-Ministerium*, Die Wildbachverbauung in den Jahren 1883–1894, Wien, 1895.

*Kociu, Schmid, Lang, Hagen, Tilch, Andrecs, Proske, Loizenberger, Hermann, Ribitsch*, Abschätzung der Risikodisposition für Rutschungen und Hangbewegungen am Beispiel Gasen/Haslau, Teilbericht: Flood Risk II, Vertiefung und Vernetzung zukunftsweisender Umsetzungsstrategien zum integrierten Hochwassermanagement, Wien 2009.

*Kohl*, Das Eiszeitalter in Oberösterreich Teil III: Das eiszeitliche Geschehen in den nicht vergletscherten Gebieten Oberösterreichs und die Entwicklung im Holozän, Jahrbuch des OÖ. Musealvereines Gesellschaft für Landeskunde, 144 Bd., Linz 1999, 249.

*Länger*, Der Forsttechnische Dienst für Wildbach- und Lawinenverbauung in Österreich und seine Tätigkeit seit der Gründung im Jahre 1884, Dissertation an der Universität für Bodenkultur Wien, 2003.

*Luzian*, Die österreichische Schadenslawinen – Datenbanken Forschungsanliegen – Aufbau – erste Ergebnisse, Mitteilungen der Forstlichen Bundesversuchsanstalt 175, Wien 2002.

*Luzian, Pindur* (Hrsg.), Prähistorische Lawinen: Nachweis und Analyse holozäner Lawinenereignisse in den Zillertaler Alpen, Österreich, BFW-Berichte 141, Wien 2007 (zgl: Mitteilungen der Kommission für Quartärforschung der Österreichischen Akademie der Wissenschaften 16, Wien).

*Merz/Plate* (Hrsg.), Naturkatastrophen: Ursachen, Auswirkungen, Vorsorge, Verlag Schweizerbart Stuttgart 2002.

*Münchner Rück*, Welt der Naturgefahren (CD-ROM) München 2002.

*Oberndorfer, Fuchs, Rickenmann, Andrecs*, Vulnerabilitätsanalyse und monetäre Schadensbewertung von Wildbachereignissen in Österreich, BFW-Berichte 139, Wien 2007.

*Patek*, Über die Versuche die Natur zu beherrschen: Naturgefahrenmanagement im Wandel der Zeit, ExpertInnentagung UNESCO – Konvention zum Schutze des immateriellen Kulturerbes Wissen und Praktiken im Umgang mit der Natur und dem Universum, Uni-Zentrum Obergurgl Tirol 2006.

*Pisch*, Dorfbuch Inzing, http://ernst.pisch.at/wissen/dorfpunkt/node78.html

*Pirkl*, Pänomen Schesa: Stand des Wissens und Maßnahmenplanung, unveröffentlicher Bericht, Bregenz 2003.

*Prager, Zangerl, Patzelt, Brandner*, Age distribution of fossil landslides in the Tyrol (Austria) and its surrounding areas, Natural Hazards and Earth System Sciences, vol. 8, 2008, 377.

*Richter*, Die Wildbachkatastrophen des Jahres 1958 in Steiermark und Kärnten, Österreichische Wasserwirtschaft, Heft 11, 10. Jg., Springer Verlag Wien 1958, 241.

*Rudolf-Miklau*, Hochwasser 2005 Ereignisdokumentation Bericht Österreich, Bilanzveranstaltung, Bregenz 2006.

*Rudolf-Miklau*, Naturgefahren-Management in Österreich, Verlag Lexis Nexis Orac ARD, 2009.

*Seckendorf*, Verbauung der Wildbäche, Aufforstung und Berasung der Gebirgsgründe, Wien 1884.

*Sonklar*, Von den Ueberschwemmungen, Wien-Pest-Leipzig, 1883.

*Staudenheim*, Kärntens Wildbäche (94 Fotos), Feldkirchen 1886.

*Stiny*, Über die Regelmäßigkeit der Wiederkehr von Rutschungen, Bergstürzen und Hochwasserschäden in Österreich, 1938.

*Strele*, „Brixner Chronik" – Chronik der Hochwasser- und Wildbachverheerungen, der Bergschlipfe, Muhrbrüche und Felsstürze in Tirol und Vorarlberg bis inclusive 1891, Manuskript 1891.

*Weidner*, Kinematik und Mechanismus tiefgreifender alpiner Hangdeformationen unter besonderer Berücksichtigung der hydrogeologischen Verhältnisse, Dissertation an der Friedrich-Alexander-Universität Erlangen-Nünberg 2000.

## Autorinnen und Autoren

**Ao. Univ.-Prof. DI Dr. Johannes Hübl**, Studium Forstwirtschaft/Wildbach- und Lawinenverbauung, Leiter des Institutes für Alpine Naturgefahren an der Universität für Bodenkultur Wien.

**MR i. R. DI Hannes Krissl**, Studium Forstwirtschaft/Wildbach- und Lawinenverbauung, zuletzt Leiter der Abteilung für Bauangelegenheiten, Bauhöfe, Anschaffungen und Budget der Sektionen der Wildbach- und Lawinenverbauung im Bundesministerium für Land- und Forstwirtschaft, Umwelt und Wasserwirtschaft.

**DI Dr. Arben Kociu**, Studium Montangeologie und Angewandte Geologie, Abteilungsleiter der Fachabteilung Ingenieurgeologie der Geologischen Bundesanstalt.

**HR DI Erich Lang**, Studium Kulturtechnik und Wasserwirtschaft, Leiter der Abteilung Wildbach und Erosion am Institut für Naturgefahren und Waldgrenzregionen im Bundesforschungs- und Ausbildungszentrum für Wald, Naturgefahren und Landschaft.

**HR i. R. DI Dr. Eugen Länger**, Studium Forstwirtschaft/Wildbach- und Lawinenverbauung, zuletzt stellvertretender Sektionsleiter der Sektion Kärnten der Wildbach- und Lawinenverbauung. Doktoratsstudium in Forstgeschichte und Wildbachverbauung.

**DI Andrea Moser**, Studium Landschaftsplanung und -pflege, Mitarbeiterin der Abt. Wildbach- und Lawinenverbauung und der Sektionsleitung im Bundesministerium für Land- und Forstwirtschaft, Umwelt und Wasserwirtschaft.

**DI Andreas Pichler**, Studium Forstwirtschaft/Wildbach- und Lawinenverbauung, Mitarbeiter der Abt. Wildbach- und Lawinenverbauung im Bundesministerium für Land- und Forstwirtschaft, Umwelt und Wasserwirtschaft.

**DI Christian Rachoy**, Studium Forstwirtschaft, Fachbereich Naturgefahren-Geotechnik-Tiefbau bei den Österreichischen Bundesbahnen, ÖBB-Infrastruktur Betrieb AG.

**DI Dr. Florian Rudolf-Miklau**, Studium Forstwirtschaft/Wildbach- und Lawinenverbauung, Mitarbeiter der Abt. Wildbach- und Lawinenverbauung im Bundesministerium für Land- und Forstwirtschaft, Umwelt und Wasserwirtschaft und Initiator des Buchprojektes.

**DI Ingo Schnetzer**, Studium Forstwirtschaft/Wildbach- und Lawinenverbauung, Mitarbeiter der Wildbach- und Lawinenverbauung, Stabstelle Geoinformation im Bundesministerium für Land- und Forstwirtschaft, Umwelt und Wasserwirtschaft.

**Florian Sitter Bakk. techn.**, Studium Geomatics Engineering, Diplomand am Institut für Alpine Naturgefahren an der Universität für Bodenkultur Wien.

**DI Christoph Skolaut**, Studium Forstwirtschaft/Wildbach- und Lawinenverbauung, stellvertretender Leiter der Sektion Salzburg der Wildbach- und Lawinenverbauung.

**Dipl.-Geol. Dr. Nils Tilch**, Studium Geologie und Paläontologie, stellvertretender Abteilungsleiter der Fachabteilung Ingenieurgeologie der Geologischen Bundesanstalt.

**DI Reinhold Totschnig MSc.**, Studium Kulturtechnik und Wasserwirtschaft und Natural Resources Management and Environmental Engineering, Wissenschaftlicher Mitarbeiter des Institutes für Alpine Naturgefahren an der Universität für Bodenkultur Wien.

## Danksagung

Zahlreiche weitere Personen haben zum Gelingen dieses Buches beigetragen. Ihnen allen gebührt der Dank für die Recherchearbeit, inhaltliche Unterstützung, kritische Durchsicht der Texte und Erteilung von Auskünften und Anregungen.

Der Dank geht auch an die Internationale Forschungsgesellschaft INTERPRAEVENT, das Bundesministerium für Land- und Forstwirtschaft, Umwelt und Wasserwirtschaft und den Europäischen Regionalentwicklungsfonds (Projekt AdaptAlp) für die Unterstützung und Förderung dieser Publikation.